2022年冬奥会对京冀地区经济影响预测研究

杨　洁　著

中国财富出版社有限公司

图书在版编目（CIP）数据

2022年冬奥会对京冀地区经济影响预测研究/杨洁著．—北京：中国财富出版社有限公司，2021.1

ISBN 978-7-5047-6614-4

Ⅰ.①2… Ⅱ.①杨… Ⅲ.①冬季奥运会-影响-区域经济发展-研究-华北地区-2022 Ⅳ.①G811.212 ②F127.2

中国版本图书馆CIP数据核字（2021）第026634号

策划编辑 杨白雪 **责任编辑** 张红燕 王才识 杨白雪
责任印制 尚立业 **责任校对** 孙丽丽 **责任发行** 董 倩

出版发行 中国财富出版社有限公司
社　　址 北京市丰台区南四环西路188号5区20楼 **邮政编码** 100070
电　　话 010-52227588转2098（发行部） 010-52227588转321（总编室）
010-52227566（24小时读者服务） 010-52227588转305（质检部）
网　　址 http：//www.cfpress.com.cn **排　　版** 宝蕾元
经　　销 新华书店 **印　　刷** 北京九州迅驰传媒文化有限公司
书　　号 ISBN 978-7-5047-6614-4/F·3263
开　　本 710mm×1000mm 1/16 **版　　次** 2021年12月第1版
印　　张 11.5 **印　　次** 2021年12月第1次印刷
字　　数 194千字 **定　　价** 56.00元

前言
PREFACE

奥林匹克运动会（以下简称奥运会）的举办至今已有上百年历史了，已经成为全人类的一项重要节事活动。在 1984 年洛杉矶奥运会商业化模式运作产生巨大经济效益后，国内外学者对奥运会对举办地的影响进行了广泛研究。大量的研究成果证明，奥运会的举办必然会对举办地的经济产生巨大影响，即产生奥运经济。

我国在获得 2022 年冬季奥林匹克运动会（以下简称冬奥会）举办权后，如何利用冬奥会所带来的经济效益促进举办地区产业结构的战略性调整，大力发展既符合京冀经济发展定位又适应冬奥会需求的主导行业和重点行业，成为国内经济学者研究的新焦点。

本书基于一般均衡理论，在可计算一般均衡模型（Computable General Equilibrium Model，CGE 模型）的基础上构建了 2022 年北京—张家口冬奥会奥运经济效应研究的 CGE 模型，采用投入产出方法和计量经济模型来定量分析京冀地区的供需平衡和产品结构，为两地的产业结构调整提供充分的实证支持。同时，建立了京冀地区的投资经济增长模型和旅游收入模型，对赛事举办的各阶段中冬奥会直接投资对举办地区带来的 GDP 增长进行了预测分析。

全书的具体框架如下。

第一，绪论，讲解本书的研究意义、研究方法等。第二，梳理了国内外学者关于奥运经济及其对举办地所产生的影响的研究成果，对节事活动、奥运经济、一般均衡理论与 CGE 模型的概念和内涵进行确认。第三，以京冀地区 2012 年 42 个部门投入产出表为主要分析数据，并结合两地的国民经济发展和统计公报，对京冀地区的产业结构发展现状、各产业的发展特点进行详细分析，总结得出京冀地区经济中主导产业的地位和作用。第四，运用需求函数建立最终需求模型，再用投入产出和线性规划相结合的方法建立生产供给模型，进而对供需进行平衡分析，构建了京冀地区的 CGE 模型。并根据已建立的模型，对京冀地区的供需平衡和产业结构进行了预测与分析，同时对京冀地区 2022 年、2024 年的供需状况进行预测。第五，建立了京冀地区的投资与经济增长模型和旅游收入模型，对冬奥会举办地未来的 GDP 增长进行预测分析。第六，全书总结与研究展望。

由于水平和时间有限，成书仓促，难免存在缺点，敬请广大读者在阅读过程中提出宝贵意见。

杨　洁

2020 年 12 月

目 录

CONTENTS

ONE

绪论

（一）选题背景

2022 年，第 24 届冬季奥林匹克运动会将由北京市和张家口市联合举办。和夏季奥运会一样，四年一届的冬奥会是举世瞩目的大型国际节事活动。根据前人的研究来看，其申办和举行必然会为城市经济发展带来不可忽视的影响，而且由于体育赛事的目的性明确，经济发展的方向和可能性也比较确定。通常情况下，举办奥运会的城市可以凭借奥运会带来的经济影响，实现城市的经济繁荣，且此繁荣有着爆发性的特征。

本次冬奥会在我国举办，无疑是对我国国力以及体育经济实力的认可，北京作为已经举办过夏季奥运会的城市，在借助奥运经济的影响拉动城市经济的增长上有着丰富的经验，在本次冬奥会筹办和举办过程中会再一次经历经济的高速增长，从而实现其首都城市战略定位。而张家口市作为非一线城市，能够成为国际超大型赛事的承办城市，也迎来了城市建设和发展的巨大机遇。

作为研究的热点之一，有很多学者对奥运会产生的经济影响从各个角度进行了研究，从已有的成果来看，大多研究集中在夏季奥运会。而冬季奥运会与夏季奥运会相比，在比赛项目、规模大小、关联产业、经济效益等方面都有着很大的差异，因此之前基于夏季奥运会的研究，大部分不适用于 2022 年冬奥会的经济影响研究，而且所选用的模型的准确性也有待进一步探讨。究竟冬奥会的举办会对城市经济发展产生什么样的经济影响，举办地区应怎样抓住此机遇实现产业结构的优化调整、进而促进经济更健康的发展，是值得我们去进一步思考和探索的。

（二）研究意义

1. 理论意义

本书将结合经济学理论，开发出可以预测大型赛事（冬奥会）对举办地的经济影响的模型，不仅定量分析北京—张家口冬奥会对京冀地区的经济影响，为该影响对相关产业冲击度评价提供应用型分析工具，同时拓展了现有的奥林匹克影响研究的理论体系，为扩展和应用 CGE 模型提供了新的思路与研究方向。

2. 实践意义

相比于北京市，举办冬奥会对河北省和张家口市的经济影响可能更大。作为河北省经济并不发达的地区之一，张家口市近年来的冰雪产业蓬勃发展，经济回报也越来越高，一旦借助冬奥会打造出“京张体育文化旅游带”，张家口市将实现城市品牌、产业结构、国际形象的全面提升。受自然条件限制，北京市冰雪产业的发展条件无法同张家口市相比，但北京地区的“冰雪热”也在持续高涨，冬奥会势必对目前北京市周边冰雪产业产生巨大的推动作用。同时，冬奥会的举办与京津冀协同发展的国家战略重合，将拥有强大政策支撑——这不单具有体育方面的价值，更将为相关区域带来经济、文化、社会的综合价值。因此，研究冬奥会对京冀地区经济将会产生的影响及其对相关产业产生的冲击度评价，对于实现两地产业结构优化、经济效益的提升等方面有着重大的现实意义。

（三）研究目标与内容

1. 研究对象

本书以 2022 年冬奥会对京冀地区的经济影响为研究对象。

2. 研究目标

本书主要是从京冀地区经济发展的现实需要出发，以 CGE 模型为计量框架，通过系统研究冬奥会经济在不同阶段对北京市和河北省地区经济总量及其对相关产业之间的冲击度评价，为分析和指导举办城市的经济发展与产业结构调整提供数据支持和实证研究依据。

3. 研究内容

本课题具体研究内容如下。

（1）冬奥会对举办地的经济影响方法研究。本部分从奥运经济的特征入手，对冬奥会对举办地区的经济影响研究的主要方法与角度进行分析研究。

（2）京冀地区经济产业结构现状研究。本部分主要利用近几年京冀地区经济环境方面的统计数据，对该地区产业结构的历史演变和现状进行分析和评价。

（3）一般均衡理论建模研究。本部分主要介绍可计算一般均衡理论的建模方法，具体分为三个模块，即需求模块、供给模块和平衡模块。

（4）京冀地区 CGE 模型的建立与应用。本部分主要利用北京市和河北省近年经济、资源、环境投入和产出数据，建立京冀地区 CGE 模型，重点对 2022 年冬奥会的供需平衡和产业结构进行预测和分析，为后续分析奠定基础。

（5）冬奥会投资对京冀地区经济影响。主要运用投资乘数和旅游乘数的计量经济学模型，进一步预测冬奥会前后期间对北京和河北省 GDP 的影响、冬奥会直接投资对相关产业的综合影响。

（6）冬奥会对京冀地区重要产业的冲击度评价分析。本部分以 CGE 模型所得出的 42 个产业部门的供给、需求与调入、调出数据为依据，测算出举办冬奥会情形下京冀地区的重要产业部门的相关数据，再与无奥运情形下的相关产业部门的数据进行比较，对冬奥会所产生的冲击度进行评价和分析。

（四）研究方法与思路

1. 研究方法

本书主要使用以下研究方法。

（1）文献资料法。本书中查阅了大量与冬奥会影响相关的文献，对重大节事活动对举办地的影响、冬奥会的发展进程等方面的研究现状进行了综述。

（2）比较分析法。对不同届次奥运会的相关影响等方面的数据进行比较分析，从而分析不同届次奥运会的情况为本书服务。

（3）系统分析方法。把整个研究对象作为一个系统，遵循系统的整体性、动态性、相关性和有序性等特征进行分析。

（4）数学建模。本文将综合运用宏观经济学、计量经济学、统计学等相关知识，建立数学模型进行数据分析。

（5）实证分析法。建立冬奥会对举办地区经济与环境影响的模型。通过理论模型探讨冬奥会是怎样对举办城市产生影响的，这些影响包含哪些方面，相关的外部影响因素有哪些。通过对往届奥运会数据资料的实证分析，进一步研究了奥运会对举办城市的相关影响，并提出产业结构的发展趋势及建议。

2. 研究思路

本课题研究的基本思路如图 1－1 所示。

第一，通过梳理国内外学者关于奥运经济及其对举办地所产生的影响的研究成果、研究方法以及研究内容，明确了节事活动、奥运经济、可计算一般均衡与 CGE 模型等概念和内涵；第二，以京冀地区 2012 年的经济、资源、需求等数据为主要依据，对其产业结构发展现状、各产业的发展特点进行详细分析，找到京冀地区经济中主导产业的地位和作用；第三，通过建立 CGE 模型，来预测 2022 年和 2024 年京冀地区 42 个产业部门的总需求、总供给以及调进调出的数据，以此刻画冬奥会对京冀地区产业结构的影响；第四，建立京冀地区的投资与经济增长模型和旅游收入模型，对不同阶段中由冬奥会直接投资拉动的 GDP，以及因举办冬奥会而增加的旅游收入总值进行预测分析；第五，为进一步说明在举办冬奥会和无冬奥会情形下京冀地区的 GDP 和各产业的具体变化，本文从 42 个产业部门中选择了 8 个主要行业，通过比较京冀地区 8 个重要产业总值在两种情形下的变化趋势，来评价冬奥会对京冀地区重要产业的冲击度影响，并得出相关结论。具体如图 1－1 所示。

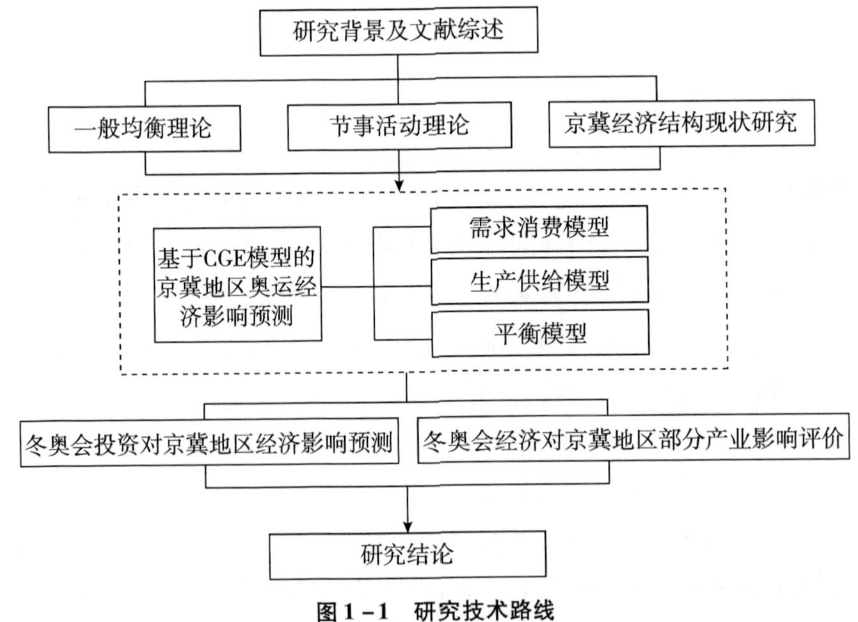

图 1－1　研究技术路线

TWO —— 二

文献综述

（一）国内外研究现状

1. 国外研究现状

奥运会是一个极具吸引力的研究课题，世界上有众多的研究人员和研究机构参与其中。鉴于奥运会的重大意义，几乎每个奥运会的主办和申办城市都会组织有关人员和机构进行可行性分析、影响预测和评价等方面的研究。通过对国外相关资料的查阅发现，关于奥运会的研究涉及的学科领域非常广泛，如运动学、体育学、人类学、社会学、哲学、宗教学、历史学、管理学、经济学、药学、生物化学等。

关于奥运经济影响的研究是一项复杂的系统工程，目前对奥运经济影响进行研究的主要有国际奥林匹克学院、国际奥委会、国家奥委会、奥组委或举办国政府委托的组织和机构，以及其他民间组织、机构或个人，研究成果主要集中在20世纪80年代以后。本书结合了冬奥会的自身特点，对国外近年来相关研究成果进行了梳理，得出以下结论。

（1）节事活动对举办地相关影响的研究

奥运会属于节事（Event）范畴，节事研究是奥运会研究的基础。关于节事研究的权威著作是唐纳·盖茨（Donna Gates，1991）的《节日、特殊节事和旅游》，霍尔（Hall，1992）的《标志性旅游节事：影响、管理和规划》两部著作。本课题在国内外研究成果分析中就参考了这两部著作中的许多论断。

根据文献资料分析发现，不同类型、不同层次的节事活动对举办地的影响方式与作用大小都有所差异，综观国外现有的事件影响研究成果，可将其研究角度大致分为四类。第一类：事前、事中与事后。盖茨研究认为，从阶段上讲，对事件的影响评价包括三个基本类型：事前评价、过程评价、产出或总结评价。多数奥运会相关影响研究是实证研究和案例研究，主要发生在举办阶段、筹备末期和奥运会结束后，类型包括可行性研究、影响预测和事后评价等。第二类：有形与无形。德怀尔（Dwyer）等认为，特殊事件的影响包括有形和无形两种。他们指出，重大事件的无形影响是难以衡量的，包括对社会生活和团体福利的影响、由事件所激发的居民自豪感，以及对一个地方或旅游目的地形象所造成的长期影响。第三类：正面与负面影响。李（Lee）等在研究2002年世界杯前后韩国居民的认识变化时，将文化交流与发展、经济增长、自然资源利用等归为预期利益或积极影响，将交通拥挤、污染、物价上涨以及社会问题等归为负面影响。第四类：经济、社会和环境影响。

（2）奥运会对举办地的经济影响研究

现有的研究中，多数学者运用数学模型对奥运会的经济效益进行定量分析与评估，但1988年汉城奥运会以及1992年巴塞罗那奥运会的评价则以定性比较评价为主。其中，运用数学模型进行评价的研究多是基于举办地的投入产出表，以既定年份的价格与汇率，利用宏观经济的乘数效益原理进行估计。常用的乘数包括销售乘数、家庭收入乘数与就业乘数。利用销售乘数可以度量所有最终消费引起的总体经济影响，家庭收入乘数便于评价家庭收入导致的经济影响，就业乘数则可以推算新增的就业人数。该方法所使用的数学模型主要是区域投入-产出模型系统（Regional Input - Output Modeling System，RIMS Ⅱ）与可计算的一般均衡模型（Computable General Equilibrium Model，CGE 模型）。

①运用投入-产出模型对奥运经济效益的研究

汉弗莱斯和普卢默（Humphreys 和 Plummer，1995）分析了1996年亚特兰大奥运会对于佐治亚州的经济影响，他们将奥运的经济影响分为短期影响与长期效益。短期影响为1991—1997年由于奥运所导致的大量新增资金的注入给佐治亚州所带来的经济影响（包括直接、间接、连锁和总影响）；长期效益（奥运遗产）则包括所建造的世界级设施、由于媒体的大量宣传所促进的国际社会对亚特兰大市和佐治亚州认可度的提升，以及包括创造就业机会和促进文化、教育等项目在内的社会效益。在对短期影响的分析中，他们利用已有数据并结合RIMS Ⅱ分析了奥运会对佐治亚州的直接、间接、连锁和总体的经济影响，分析结果显示：举办1996年夏季奥运会将使佐治亚州增加19亿美元的经济收入，并新增7.7万个全职和兼职的就业机会，可以使佐治亚州的税收部门增加1.76亿美元的税收收入。

②运用 CGE 模型对奥运经济效益影响的研究

亚当·布莱克（Adam Blake，2005）运用 CGE 模型对 2012 年伦敦奥运经济进行了研究。文章从 26 个部类对伦敦市和英国两个角度进行分析，不仅对奥运成本和收入进行了预测，还估计了社会和环境效应。文章着重分析了奥运会举办可能带来的负面效果，包括在奥运会举办期间伦敦市居民可能外流，以往对奥组委的费用估计偏低等，并对这些因素作了敏感性分析。最终得出的结论是伦敦奥运净收益没有先前那么乐观，但依然给出了积极的评价。

2. 国内研究现状

2022 年北京—张家口冬奥会申办成功后，国内学者对奥运会的经济、环境等方面的影响研究逐渐增多。本书小组在 2019 年 7—8 月通过中国知网平台再次进行了相关文献检索。选取知网中的“中国学术期刊网络出版总库”“中国优秀硕士学位论文全文数据库”“中国博士学位论文全文数据库”“中国图书全文数据库（心可书馆）”共 4 个主要数据库所收录的所有学科类别的文献进行跨库检索，采用标准检索模式，对题名为“冬奥会”“影响”的文献进行精确检索，共检索出论文 106 篇，文献内容基本符合研究要求。

通过对参考文献的整理与分析发现，国内已有学者、专家以及有关部门对北京如何实施奥运经济战略展开了研究，大部分文献是从不同的角度就如何以奥运为契机发展奥运经济，促进京津冀区域的现代化建设和跨越式发展提出建议和行动计划。

（1）运用投入-产出模型对奥运经济的研究

从分析方法来看，目前对于奥运影响的研究采用较多的是投入-产出模型，在《奥运会直接投资对北京经济的拉动作用》（顾海兵等，2003）研究中，研究者分别运用国内生产总值模型、消费模型计量了奥运直接投资对北京市经济的拉动作用，通过投入-产出模型分析了奥运直接投资对北京市就业的影响。同时，该研究对奥运会年前期、中期和后期的经济效益进行了估计。另外魏小真等（2003）运用投入-产出模型分析了奥运发展规划对北京市经济发展的影响。

（2）运用 CGE 模型对奥运经济的研究

国内文献中有庞军（2005）、曹永凯（2006）、侯宇鹏（2009）采用可计算一般均衡模型，利用北京市 2002 年的投入产出数据和相应的统计数据，对北京市2008年的供需平衡和产业结构进行了预测与分析，同时对北京市2010年的供需状况进行了预测，为北京市产业结构的调整提供了实证支持。

（3）运用其他计量方法对奥运经济的研究

苏亮（2005）基于成本－效益分析方法，对奥运经济的影响进行了预测研究，建立了奥运会对举办城市经济影响的理论模型。通过分析往届奥运会数据资料，研究了奥运会的收入来源、比例、支出去向及对举办城市的经济影响。根据洛杉矶奥运会、蒙特利尔奥运会和巴塞罗那奥运会等工程支出的数目，探讨了奥运会支出的三种模式，并分别探讨了各种模式的发展趋势。

（4）冬奥会对举办地的相关影响研究

从文献资料收集分析的总体情况来看，国内学者对冬奥会研究的历史较短，参与研究的人数不多，从2014年中国宣布申办2022年冬奥会开始，逐渐有学者关注此领域的研究，但主要集中在两个方面：一是冬奥会国家竞技实力的比较分析；二是单个冬季体育运动项目成绩提升上。2015年北京—张家口冬奥会申办成功后，对冬奥会对举办地的经济与环境影响的研究文献大量出现，很多学者运用多种计量模型对冬奥会举办地的经济效益进行了预测与评估。

3. 国内外研究成果评述

通过分析发现，现有取得的研究成果为本课题奠定了重要的理论基础和研究思路，提供了有益的借鉴之处，但也存在进一步研究的空间。

（1）研究对象多集中于夏季奥运会

通过对国内外研究成果分析发现，奥运会的影响研究主要集中在夏季奥运会方面，而对冬奥会的研究较少，尤其是在国内，还没有冬奥会对于京冀两个地区经济影响的定量研究。

（2）评估测量方法较为单一

目前国内外对于奥运会影响的研究主要采用的是投入－产出模型法，此类研究成果也较为丰富，另外也有研究采用了一些计量经济学的方法。CGE模型方法目前只是在一项有关悉尼奥运会经济影响的研究，以及三项2008年北京奥运会的经济效益预测中得到了应用。

（3）缺乏适合北京—张家口冬奥会经济影响分析的CGE模型

目前，国内外对奥运经济研究的主流方法可以分为三种：线性回归模型、投入-产出模型和 CGE 模型。线性回归模型的方法相对简单，误差相对较大，不适合对复杂的经济系统进行全面评估。一般均衡理论的 CGE 模型作为经济学领域先进的政策分析工具，在综合分析外部冲击对于经济体的整体影响方面具有明显的优势。

（4）部分评估数据的不可测量性使研究结果带有模糊性

与奥运会相关的官方陈述中，有许多指标是不可测量的，即使是可测量的指标，其测算也仅仅是停留在估算的层面上，这在某种程度上造成了研究的滞后性和模糊性。

（二）相关概念的阐释及理论基础

1. 奥运经济的相关概念

（1）奥运经济的内涵

奥运经济是指主办城市在筹备和举办奥运会期间，以及奥运会后的一段时期内，利用奥运会创造的商机，借势发展本地区经济的一系列活动。奥运经济效应可划分为狭义和广义，狭义的奥运经济效应是指申办和举办奥运会能给举办城市带来的各种货币收入，主要包括电视转播权的销售收入、赞助商的赞助和门票收入等。广义的奥运经济效应还包括举办奥运会的过程中所产生的其他经济效果，以及对举办城市和举办国经济增长的影响等。本课题所研究的奥运经济效应是指广义的奥运经济效应，也就是奥运会对我国宏观经济以及各产业波及程度的影响，主要包括对 GDP 和产业结构的影响。

（2）奥运经济的特征

从奥运会举办城市的一般规律看，奥运经济呈现以下基本特征。

①阶段性

奥运经济具有明显的阶段性和周期性。一个完整的奥运经济周期应包括会前筹办、会中举办、会后延伸（主要包括举办国经济、政治、文化等方面产生的各种效应的延伸）三个主要阶段，国际上通常判定此周期为 10 ~ 12 年。

从以往奥运会主办国的经验来看，在筹办阶段，即奥运会申办成功到开幕前的第一阶段中，大量的投资聚集在举办城市的房地产、建筑、科技通信、环保等行业，形成增加效应；在第二阶段，旅游、交通等行业得以快速发展；在第三阶段，受投资和消费不足等因素的影响，经济增速可能会较奥运会前有所减退，即通常所说的“后奥运效应”。

②非均衡性

根据历届奥运会经济影响分析来看，举办奥运会虽然可以从总体上带动举办城市的经济增长，但并不是所有产业及行业都能直接受益，其对举办地的产业及行业发展的影响具有明显的非均衡性特征。从一般规律看，奥运经济对第二产业中的部分行业的拉动作用明显，如建筑业、通信设备制造业等；对第三产业的影响更加全面而深远，如体育文化、旅游、房地产、商贸租赁、交通运输等行业。

③公共性

在筹办奥运会阶段的各类投资中，公共物品和准公共物品占有很大的比重。从前人的研究中可以看出，奥运会的支出有三个基本方向：举办城市市政基础设施的改扩建、比赛物质技术条件的建立与完善，以及直接比赛的筹备。除了直接比赛的筹备，前两项都属于基础建设，其中奥运场馆及各种配套设施是专用性很强的准公共产品投资，投资巨大。

2. 一般均衡理论与 CGE 建模相关理论

（1）历史沿革

经济学中均衡的概念是指追求自身福利最大化的个人通过市场网络的作用最终能够达到一种和谐的平衡状态。一般均衡理论是瓦尔拉斯（Walras，1954）在他的经济学著作《纯粹经济学要义》中首先提出的。在该书中，他建立了统一模型的理论基础，包括交换、生产、资本形成及货币理论。瓦尔拉斯为经济学家从数学角度研究一般均衡模型设定了所有原则上必须遵循的研究范式，第一次对一般均衡概念做出了完整而充分的论述。

现代意义上的一般均衡理论研究始于 20 世纪 30 年代，瓦尔德（Wald，1936）首先从数学上证明了一般均衡在一系列条件下——完全竞争市场下的静态均衡、非完全竞争市场下的静态均衡解的存在性。1954 年阿罗和德布勒（Arrow 和 Debreu）用角谷静夫（S. Kakutani）不动点定理证明了在有限经济中存在符合帕累托（Pareto）最优的均衡价格，从而证明了一般均衡理论（GE）解的存在性。1967 年，斯卡夫（H. Scarf）用合作博弈的方法研究一般均衡理论的存在性问题，证明了著名的斯卡夫定理，这是证明具有无穷性质的一般均衡理论的存在性的重要工具，并使在技术上计算均衡价格成为可能。此后，还有许多学者采用不同方法对一般均衡理论进行深入研究。

可计算一般均衡模型最早由约翰森（Johansen，1960）提出。该模型涵盖了 20 个成本最小化的产业部门和一个效用最大化的家庭部门，并最终求解得到对家庭收入弹性的估计和关于挪威多部门增长的数量结果，实现了一般均衡理论对现实的首次模拟。在此之后，对 CGE 模型的研究陷入沉寂。直到 20 世纪 70 年代初才有了重大发展，1970 年，斯卡夫的学生舒文和威利（Shoven 和 Whally）成为 CGE 模型应用领域的重要学者。在这一段时间内，大规模计量经济模型大行其道，这些模型关注于数据以及回归方程的系数，比如 Wharton 模型、DRI 模型、MPS 模型等。但由于能源价格或国际货币系统的突变、实际工资率的迅速提高等对世界经济产生了较大的冲击，计量模型没有严谨的理论设定，无法比较接近地模拟这些改变经济原有趋势的冲击的影响。CGE 分析与之前其他模型的不同之处在于，它考虑了经济主体对价格变动的反应。例如，因为价格上升，消费者可能寻找替代品或改变偏好，厂商可能会改变生产计划等。与此同时，随着 CGE 求解算法的成熟和计算机的迅速普及，GAMS（General Algebraic Modeling System）、GEMPACK（General Equilibrium Modeling Package）以及 MPS－GEA（Mathematical Programming System for General Equilibrium Analysis）等专为求解 CGE 模型的专业软件的出现，使 CGE 模型细化处理的能力日益提高。CGE 模型可以同时分析 120 个行业，56 个区域，280 个职业和几百种家庭类型。如此详细的分类使其他技术都相形见绌。

时至今日，学界关于一般均衡理论的研究依然活跃并具有极大的发展潜力，但是因为过于抽象，很难用于政策研究。因此，在实际中应用更为广泛的是 CGE 模型。该模型已经用于税收、贸易、收入分配和发展策略的分析。

（2）一般均衡理论与 CGE 模型的关系

CGE 模型是基于一般均衡理论的一种数值模型，它是以特定宏观经济体系作为研究对象，着眼于全局市场，重视分析市场价格以及各种商品、要素之间的供求关系，最后要求市场出清。可根据经济体的制度状况、消费者行为和生产技术等方面的特征，具象化效用函数和生产函数，通过模拟经济系统中各参与主体的选择行为，建立 CGE 模型。

CGE 模型虽然以一般均衡理论为基础，但与一般均衡理论又有重要的区别。相较于一般均衡理论，CGE 模型更为现实和灵活，具有多重优势。首先，CGE 模型能够模拟微观主体行为，使得行为结果具象化，不仅仅停留在理论模型层面。其次，相互作用的协调机制有利于研究者分析机制产生的影响效果，为政策制定和评估提供了方向。最后，CGE 模型通过校准的方式可以求出稳态的数值解，而当出现外部冲击时，能够考察系统变动，分析供需关系的影响因素。因此，尽管 CGE 模型存在一些局限性，如难以刻画政策的动态影响，参数设定相对随机，缺少对资本市场的描述等，但是 CGE 模型仍广泛应用于各个领域。这是因为 CGE 模型能够在优化主体行为的基础上，用非线性函数取代传统的线性函数，将投入-产出模型与线性规划模型相融合，同时将多种政策冲击置于同一个系统中，便于观测各个政策冲击的影响。

（3）CGE 模型的基本结构

从模型框架上来看，CGE 模型描述的是现实的经济结构、经济运行和市场经济中各行为主体的行为，刻画生产者、消费者、政府等行为主体在各自的预算约束下追求利润或效用最大化的行为，并最终在市场机制的作用下，实现各个市场的均衡。通常 CGE 模型主要包括三组方程，分别表示供给、需求和均衡关系，根据研究问题的不同，可以引入更多的主体和研究对象。一般而言，应用 CGE 模型进行相关政策分析时，会依照实际情况构建具体方程。本书根据能获得的数据，主要涉及以下几个模块。

①生产模块。在本部分，模型主要对商品和要素的生产者行为及其优化条件进行描述，包括生产者的生产方程、约束方程，生产要素的供给方程以及优化条件方程等。刻画生产行为的方程主要描述生产者的产品供给，方程一般有两类。

第一类是描述性方程，主要描述生产要素投入和产出之间的关系，以及中间投入和产出的关系。生产者行为可采用柯布 - 道格拉斯（Cobb - Douglas）生产函数、常数替代弹性（Constant Elasticity of Sbustitution，CES）生产函数等描述。此外，劳动力还可根据技术水平、收入、教育水平等分为不同组别。这样，针对不同的研究问题，就可以选用不同的生产函数，以突出所要研究的问题。中间投入关系可用列昂惕夫投入-产出模型来描述。

第二类是生产者的优化方程或利润最大化方程，描述生产者在生产函数的约束下，如何达到成本最小或利润最大，即劳动要素的报酬与其边际生产率相等，这也决定了生产者对生产要素的需求量。

②消费模块。在 CGE 模型中，消费者将力求实现在预算约束条件下的效用最大化。消费者最优化问题实际是在预算约束条件下选择商品（包括服务、投资、休闲）的最佳组合以实现尽可能高的效用。包括两类方程。

第一类是描述性方程，描述消费者的预算约束条件，即消费者的收入来源及其可支配收入。

第二类是优化方程，描述其效用最大化行为，也有多种效用函数可供选择，如 Cobb - Douglas 效用函数，CES 效用函数和斯通 - 吉尔星（Stone - Geary）效用函数，在预算约束下对效用函数求导，得到相应的表示消费者支出的线性支出系统（Linear Expenditure System，LES）方程或扩展线性支出系统（ELES）方程。

③市场均衡模块。描述市场均衡是 CGE 模型的重点，一般来讲，CGE 模型中市场均衡以及相应的预算约束包括以下几个方面。

产品市场均衡。产品市场均衡要求各部门的总供给等于总需求，这不仅要求在数量上达到均衡，而且要求在价值上也达到均衡。

要素市场均衡。主要是指劳动力均衡，即劳动力的总供给等于总需求。劳动力可以在各部门之间流动以达到生产者和消费者的优化目标，其流动的原因是各部门之间的边际利润率不同，如果在某一时期，劳动力的供给大于需求，那么在劳动力市场上必然会出现失业现象。

资本市场均衡。主要是指总投资等于总储蓄，如果投资规模与储蓄水平不符，则通过购买、出售债券、外资或增减政府财政储备进行相应弥补以达到平衡。

政府预算均衡。如果政府支出不等于政府收入，那么把财政赤字当作一个变量加入政府收入一边，就可以用一组均衡方程来表示政府预算的不均衡状态。因而政府的收支也是广义均衡的。

居民收支均衡。居民的收入来自劳动报酬、企业的利润分配、国外净汇款等，在缴纳了个人所得税之后，余下的收入进行消费或储蓄，以满足居民的收支平衡。

国际收支均衡。外贸出超在 CGE 模型中表现为外国资本流入，外贸入超表现为本国资本流出。如果把外国资本流入当作变量来处理，那么国际收支也应该达到平衡。

（三）冬奥会对我国举办城市经济发展的影响概述

1. 对举办城市的建设投资产生影响

北京市和张家口市作为2022年冬季奥运会举办城市，为了满足冬奥会的赛事需求，必然会进行城市建设投资，这在申奥计划中展示得极为明确。在申奥计划中，2022年冬奥会预计总投资额约39亿美元，其中体育赛事运营花费约为15.6亿美元，政府补贴占6%；竞赛场馆和非竞赛场馆投资约为15.1亿美元，社会投资占65%。除去体育赛事运营花费的6%及竞赛场馆和非竞赛场馆建设的35%算作是政府投入，那么2022年冬奥会将会为张家口市和北京市带来约24.48亿美元的新增投资。这样巨大的投资额度仅在2008年北京市承办夏季奥运会时出现过，而张家口市首次面临如此程度的城市建设投资，基于巨大的新增投资，并附加其带来的“乘数效应”，将进一步助力张家口市及北京市经济的快速发展。

2. 对举办城市的产业结构产生影响

北京市的体育事业在2008年夏季奥运会举办之时达到了高峰，与之相关的房地产业、旅游业、运输服务业也得以发展。发展效应一直持续到现在，目前，北京市的体育旅游成为旅游产业中的重要项目；许多奥运会期间修建的体育馆和供运动员训练的场馆可供游客参观及北京市民日常休闲和体育活动使用，售卖体育运动装备的商家和体育活动组织也因此受益。奥运会对城市产业结构的影响仍然会出现在举办冬奥会的张家口市，张家口市将面临城市产业结构的大调整，与冬奥会相关的产业将迎来行业整合或创新。

3. 对举办城市的经济市场的影响

冬奥会的举办还将影响城市的经济市场，即城市经济发展所依托的市场需求和供给均发生巨大改变。张家口市的体育经济市场因为冬奥会的举办发生了根本变化，在冰雪场地建设过程中，这种变化已经发挥了作用。以崇礼区为例，目前崇礼区滑雪产业已初步形成初级、中级、高级滑雪配套，大众游乐项目与竞技项目互补的格局，可以为不同年龄、不同技术水平、不同消费群体的游客和滑雪爱好者提供适合自己的运动项目服务，每到冬季，当地的餐饮住宿、滑雪场地供不应求。这是以前张家口市体育经济市场从未有过的市场状态，这种市场状态也反映出该市冰雪经济资源开发不完善的问题。

4. **影响举办城市的劳动力状态**

举办冬奥会必将会对国家体育馆、首都体育馆和五棵松体育中心等这些具备承办奥运会冰上项目的场馆进行进一步的升级改造，提升北京市承办国际冰雪体育赛事的能力，打造北京、河北冰雪运动训练基地，助推“北冰南展”发展战略的深入实施。这些发展战略以及体育赛事的辅助服务会使北京市和张家口市迎来大量的冬季体育项目工作者。另外，冬奥会需要大量志愿者，这也会影响到城市劳动力状态的变化。作为目前经济发展中最主要的资源，城市劳动力的状态的变化，必然会使城市经济受到影响。

THREE —— 三

京冀地区经济产业结构现状研究

产业结构是指农业、工业和服务业在一国经济结构中所占的比重。根据国家统计局发布的《三次产业划分规定》，我国将所有产业划分为三类。第一产业是指农、林、牧、渔业（不含农、林、牧、渔服务业）。第二产业是指采矿业（不含开采辅助活动），制造业（不含金属制品、机械和设备修理业），电力、热力、燃气及水生产和供应业，建筑业。第三产业是指除第一、第二产业以外的其他行业。在经济的发展过程中，不同的产业随着社会政治和经济环境的发展而不断发展。

产业结构演变是一个不断从低级向高级转变的过程，是经济发展的历史和逻辑序列演变的过程，对于这个过程，我们称为产业结构高级化。具体来说，就是一个国家的经济发展结构或产业结构的重心从第一产业向第二产业和第三产业逐渐转移的过程，标志着一个国家的经济发展水平、发展阶段和方向。产业结构的变化一方面为某些行业带来良好的市场机会，另一方面也会对其他行业带来生存的威胁。通常在经济成长的过程中，服务业的重要性会与日俱增，服务业的比重会日益扩大，服务业从业者有较大的市场机会。①

在本课题中，研究京冀地区经济产业结构的现状，对冬奥会后京冀地区经济政策的制定、经济环境的科学发展提出相关建议有着重要的意义。

（一）政策背景分析

经过实践证明，服务业和制造业是相互依存的，制造业的衰败也会给服务业带来倒退。在 2010 年之前，制造业在北京市的升级是比较缓慢的，进而也就导致了服务业发展缓慢的情况。2004 年，国务院批复了《北京城市总体规划（2004 年—2020 年）》，在这个文件中明确对北京市的经济做出了要求，要求北京市加快发展现代服务和高新技术产业，同时还要对现有的产业结构

① 吴长顺．营销学［M］．北京：经济管理出版社，2001.

进行调节，根据北京市的实际情况去发展现代制造业。然而令人失望的是，政策出台之后并未起到应有的效果，北京市现代制造业发展缓慢，高新技术产业也没有能够快速地发展。

到了2010年，北京市政府下发了《中共北京市委关于制定北京市国民经济和社会发展第十二个五年规划的建议》，在这个文件中明确提出了北京市的经济体系发展的重点：发展战略性的新兴产业，进而带动现代制造业，然后将信息技术和新能源汽车等新兴产业的发展作为重点，努力打造北京品牌，将新兴产业作为主导。

2011年，经过了经济危机，北京市的经济出现了下滑现象，这个时候以制造业为核心的实体经济回归，北京市提出了发展制造业和高端制造业的口号。

2013年，雾霾天气的严重侵袭，让北京市认识到了环境问题，也引起了党中央的关注，城市制造业面临着整改和调整的局面。

2014年，习近平总书记明确将科技创新中心作为北京市的核心功能之一，指出北京市产业发展的高端化、服务化、集聚化、融合化、低碳化方向，以科技创新中心功能为战略引领和根本遵循，实现首都经济创新发展。

2015年，习近平总书记部署了“十三五”期间需要取得“明显突破”的十大领域。在这十大领域中要求将优化产业结构和深入实施创新驱动发展战略作为重点，必须着重关注。同时，习近平总书记要求必须提高经济的竞争力，改造传统行业，培育战略性新兴产业，发展服务业，并积极培育新的业态和商业模式。

河北省一直是我国的重工业基地，进行产业结构调整比较困难。2017年习近平总书记就指出其经济发展被制约，要求河北省必须改变当前的经济局势，进行经济改革，同时为河北省的经济转型升级指出了明确的方向。

就目前的形势来说，河北省处在新的发展时期，遇到了新的发展机遇。河北省想要改变自己的前途和命运，经济转型是最佳的手段和方式。近年来，河北省也取得了不错的成绩，如树立了新的发展理念，全力推进经济转型的工作等。

在这5年中，河北省不断地将过剩产能作为推动经济转型的动力，在2013年到2016年这几年里，河北省压减炼钢、炼铁产能4438万吨、4376万吨，进而节约了3400万吨的煤炭资源。

目前，河北省的经济有着明显的短板，和其他省份相比也存在一定差距，其主要表现在河北省的新兴产业发展比较落后，而且产业结构偏向重工业。为了改变现有的产业结构，河北省将发展制造业、战略性新兴产业和现代服务业作为重点的攻克目标。为了进行经济体制的改革，河北省出台了《关于深入推进〈中国制造2025〉的实施意见》等政策，不断鼓励和培育新兴产业，同时打造属于河北省的主导产业部，加快经济体制的改革。

到了2016年年底，经过不断努力，河北省取得了不错的成绩，工业结构也发生了改变，装备制造业成为河北省第一大支柱产业，超过了钢铁产业；战略性新兴产业也超过了传统的产业；现代服务业也有了大幅度的提升，为推动产业结构的改变提供了足够的动力支撑。

（二）数据说明

1. 数据来源

本部分研究中关于北京市和河北省经济、资源、需求等数据，均来源于国家统计局、北京市统计局、河北省统计局官方网站，主要为《北京统计年鉴》（2012—2019年）、《河北经济年鉴》（2012—2018年）、《北京市2018年国民经济和社会发展统计公报》《河北省2018年国民经济和社会发展统计公报》中的数据。

2. 研究基准年份选择

同时，由于后文中CGE模型构建所需官方数据可获得的年份仅到2012年，为了研究的一致性，本章节中关于产业结构聚合质量分析，以及产业结构效益部分的研究基准年份也确定为2012年。

（三）产业结构的研究方法

常用的地区产业结构研究方法有两种，即投入-产出分析法和社会网络分析法。投入-产出分析法是在20世纪30年代兴起一种重要的经济数学分析方法。它以一般均衡理论为基础，将经济体系中产业部门之间的关系以矩阵的形式表现出来，从而深刻地反映出产业结构变动的内在机理。其核心应用是分析各部门在生产过程中相互依存关系的变化，以及这种变化对产业结构的影响。而运用投入-产出分析法进行产业结构研究主要是针对产业关联的研究。

社会网络分析法是形成于20世纪60年代的描述网络形态、特征和分析网络结构的一种重要方法。它强调行动者之间关系的重要性，而这些关系被看作是网络的结构，因此社会网络分析法是一种结构分析方法。由于社会网络分析法可精细地反映出行动者之间的关联，所以逐渐被应用到产业结构的研究中。

根据研究的需要以及可获得的经济数据资料，我们使用了投入-产出分析法来分析京冀两个地区的产业结构。拟通过每个产业部门的产业关联系数分析出其对经济总体的拉动和推动作用，据此判断出某一时期内经济中的主导产业。

（四）北京市产业结构演变与现状分析

1. 北京市产业结构的演变

改革开放以来，随着我国经济的发展，作为首都的北京市在经济发展方面的成就令人瞩目。根据北京市统计局的分析，2018年，全市实现地区生产总值30320.0亿元，较2017年增加了6.6%，其中第一产业增加值为118.7亿元，下降2.3%，第二产业增加值为5647.7亿元，增长4.2%；第三产业增加值为24553.6亿元，增长7.3%。三次产业构成由上年的0.4∶19.0∶80.6，变化为0.4∶18.6∶81.0。

三次产业的结构变化不仅能反映出区域经济的发展历程，更是衡量产业结构合理化的重要标准。1978—2018年，北京市产业结构变化巨大。第一产业在20世纪80年代中后期出现了持续增长，但随着经济的继续发展和城市功能的确立，农业在国民经济中的地位逐渐下降，到2018年北京市第一产业生产总值为118.7亿元，[①] 仅占地区国内生产总值的0.4%；第二产业与第三

① 数据来源：《北京统计年鉴》（2018年）。

产业占比的持续稳定变化展示了北京市工业化的完整进程。根据历年的统计数据分析，本书将北京市的产业结构演变过程分为以下四个阶段。

第一阶段：工业化初期，即1978—1990年，由于城市经济发展的中心在于制造业，故第二产业总值占比始终保持在50%以上（数据见表3－1）①，虽然第三产业在国民经济中贡献份额不断上升，但仍然无法代替第二产业的主导地位。

表3－1　1978—1990年北京市三次产业结构比重变化　单位：%

年份	第一产业	第二产业	第三产业
1978	5. 1	71. 0	23. 9
1979	4. 3	70. 8	24. 9
1980	4. 4	68. 7	26. 9
1981	4. 7	66. 3	29. 0
1982	6. 6	64. 3	29. 1
1983	7. 0	61. 4	31. 6
1984	6. 8	60. 2	33. 0
1985	6. 9	59. 7	33. 4
1986	6. 7	58. 1	35. 2
1987	7. 4	55. 8	36. 8
1988	9. 0	53. 9	37. 1
1989	8. 4	55. 2	36. 4
1990	8. 7	52. 3	39. 0

数据来源：《北京统计年鉴》（2019年）。

第二阶段：1991—1994年为工业化中期阶段，数据如表3－2所示。在这一阶段，虽然第二产业和第三产业的生产能力都在持续增强，但从各自的贡献份额来看，两次产业之间的差距逐渐缩小，第三产业的蓬勃发展使其占比逐渐超过了第二产业。

---

① 注：表3－1、表3－2、表3－3、表3－4是统计年鉴中的原始数据，详见2019年北京统计年鉴的表2－5地区生产总值构成（1978—2018年）。

表 3-2　1991—1994 年北京市三次产业结构比重变化　单位：%

年份	第一产业	第二产业	第三产业
1991	7.6	48.5	43.9
1992	6.9	48.6	44.5
1993	6.0	47.2	46.8
1994	5.8	45.1	49.1

数据来源：《北京统计年鉴》(2019 年)。

第三阶段：1995—2007 年，这一阶段第三产业在北京市国民生产总值中占比达到 50% 以上，且其在国民经济中的贡献份额不断增大，具体如表 3-3 所示。这一阶段中由于北京奥运会的筹办，北京市产业结构进一步优化，传统制造业逐渐外迁，高新技术产业和无污染产业蓬勃发展，同时文化产业和现代服务业也出现了发展的高潮。

表 3-3　1995—2007 年北京市三次产业结构比重变化　单位：%

年份	第一产业	第二产业	第三产业
1995	4.8	42.7	52.5
1996	4.2	39.7	56.2
1997	3.7	37.4	58.9
1998	3.2	35.1	61.7
1999	2.9	33.6	63.5
2000	2.5	32.4	65.1
2001	2.1	30.4	67.4
2002	1.9	28.6	69.5
2003	1.6	29.3	69.0
2004	1.4	30.3	68.3
2005	1.2	28.6	70.1
2006	1.0	26.7	72.3
2007	1.0	25.2	73.9

数据来源：《北京统计年鉴》(2019 年)。

第四阶段：2008—2018 年，北京奥运会举办以后，北京市的产业结构进一步优化。在 2008 年北京市第三产业的生产总值达到 8638.8 亿元①，占国民生产总值的 75.8%，同时，北京地区的第一产业呈现连年下降的趋势，直到 2018 年，北京地区的第一产业生产总值已经降低至 118.7 亿元每年②。在此期间，北京地区的工业生产总值也呈缓慢的下降趋势。其中增长幅度最大的是第三产业。从统计数据来看，到了 2018 年，北京市第一产业占比 0.4%，第二产业占比达 18.6%，而第三产业占比高达 81.0%，具体如表 3-4 所示。

表 3-4　2008—2018 年北京市三次产业结构比重变化　单位：%

年份	第一产业	第二产业	第三产业
2008	1.0	23.2	75.8
2009	0.9	23.0	76.1
2010	0.9	23.5	75.7
2011	0.8	22.6	76.6
2012	0.8	22.1	77.1
2013	0.8	21.6	77.6
2014	0.7	21.3	78.0
2015	0.6	19.7	79.7
2016	0.5	19.3	80.2
2017	0.4	19.0	80.6
2018	0.4	18.6	81.0

数据来源：《北京统计年鉴》（2019 年）。

2. 北京市产业结构特征分析

要想了解一个城市的发展质量，其产业结构是一个很好的衡量维度。根据北京地区生产总值及各产业组成所示（见图 3-1），北京地区的生产总量在 2012—2018 年增长了约 40%，符合我国经济高速增长期的发展国情。2018 年北京的地区生产总值高达约 30320 亿元，同比增长 6.6%③，在全国范围内排名第二，仅次于上海（见附录 B 表 1）④。生产总值的上升意味着经济发展

①、② 数据来源：《北京统计年鉴》（2019 年）表 2-1 地区生产总值（1978—2018 年）。
③ 数据来源：《北京统计年鉴》（2019 年），表 1-2。
④ 数据来源：中国统计年鉴（2019 年），表 3-9。

的利好环境，在这样的经济背景下，各产业都能得到不同程度的发展和提升。

由数据分析看来，北京市的产业结构呈现出第一产业逐步减少，第二产业有限增长，第三产业稳定增长的特点，这是一个城市经济发展由粗犷逐渐走向成熟化、产业化的表现。随着三次产业占比的变化，北京产业逐渐从价值链低端向高端发展，是一个地区产业结构逐渐走向完善的标志。具体分析呈现以下特征。

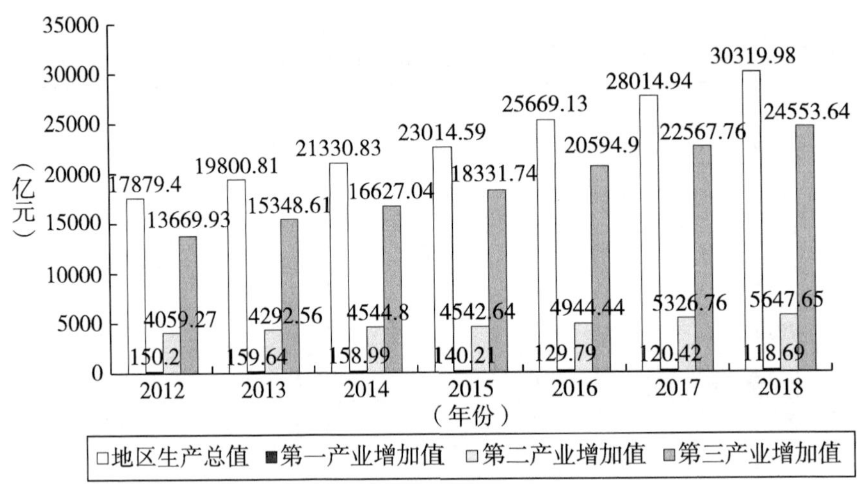

图 3-1 北京地区生产总值及各产业组成

数据来源：《北京统计年鉴》（2018 年）。

（1）第一产业比重先升后降，内部结构有较大改善

北京市第一产业增加值占 GDP 的比重在 1978 年为 5.1%，从 1982 年起这个比例开始上升，1988 年后持续下降，2018 年降至 0.4%（见附录 B 表 2）。第一产业内部，传统农业所占比重不断下降，都市型现代农业强势发展，从单一生产功能向生态功能和生活功能扩展。农业产品也以无公害和绿色为主，农业科技含量进一步提高，高新技术产业进程加快，推动了农业新技术、新成果、新品种的开发与应用。

（2）第二产业比重持续下降，制造业高端化趋势明显，新兴产业发展势头强劲

从历年统计数据来看，北京市第二产业比重持续下降。北京市第二产业增加值占 GDP 的比重由 1978 年的 71.0% 降低到 2018 年的 18.6%，下降幅度大（见附录 B 表 2）。在结构调整上，北京市坚持走新型工业化道路，加快形

成以现代化的制造业和高新技术产业为主体，以优化改造传统优势产业为基础，以都市型工业为重要补充的新型工业结构。

为严控非首都功能增量，加快构建“高精尖”产业结构（新一代信息技术、集成电路、医药健康、智能装备、节能环保、新能源汽车、新材料、人工智能、软件和信息服务、科技服务等产业），2015 年北京市正式出台了《北京市新增产业的禁止和限制目录》（2015 年版）（以下简称目录），从目录中可以看出，禁止或限制增加的产业基本上为低端产业，在制造业领域禁限的基本为生产制造环节。为进一步优化产业结构，2018 年，北京市对 2015 年版目录进行了修订，其中，制造业部分修订内容如表 3 –5 所示。与 2015 年版的目录对比来看，北京市更加注重从产业链条、综合竞争力角度进行划分，将传统产业以及新兴产业的产业链条加以区分，对符合首都功能定位的高精尖产业及环节予以细分支持。此外，2018 年版的目录对航空航天、军工和国家重大专项等配套项目、新能源整车制造、新能源专用关键零部件制造、工业机器人制造、节能环保、数控设备制造等高精尖产业明确给予支持。

表 3 –5 2018 年版《北京市新增产业的禁止和限制目录》制造业部分修订内容

产业类别	修订内容
制造业	除东、西城外，全市范围内对制造业中的研发、中试、设计、技术服务等非生产制造环节予以细分支持
	在化学纤维制造业、非金属矿物制品业等 7 个大类的禁限管理措施中，对涉及国家和本市鼓励发展的新材料产品，为航空航天、军工和国家重大专项等配套项目制造予以支持
	在通用设备制造、专业设备制造以及电气机械制造等大类的禁限管理措施中，对节能环保、数控设备制造予以支持
	计算机、通信和其他电子设备制造业中对印刷电路板等高污染、高环境风险的生产制造环节进行限制
	医药制造业中对化学药品原料药制造以及中药饮片加工进行限制

资料来源：根据北京市政府官方网站相关报道改编。

随着一批资源型工业企业及重污染企业逐渐迁出、关停，据北京市经济和信息化委员会（现为北京市经济和信息化局）在 2018 年北京市经济和信息化工作会上的报告显示，5 年来，北京市累计关停退出一般制造和污染企业

1992家，北京市的工业产业结构得到显著改善。从北京市公布的重点工业规模以上工业增加值比重来看，汽车制造业（21.1%）、电力、热力生产和供应业（26%）以及计算机、通信和其他电子设备制造业（16.1%）等占比高达63.2%，已然成为三大支柱产业。经过不断调整产业结构，北京市第二产业中的新生力量已经基本形成。从2017年的统计数据可以看到，北京市工业总增加值为4274亿元，其中高精尖产业占工业比重已接近1/4，战略性新兴产业占工业比重已经超过1/5，已经成为拉动北京市第二产业增长的重要新生力量。

（3）第三产业比重不断上升，内部结构不断优化

北京市第三产业的增加值占GDP的比重由1978年的23.9%大幅上升至2018年的81%，发展十分迅速（见附录B表2）。在产值增加的同时，第三产业内部的结构不断优化，金融业、批发与零售业、房地产业、信息传输、软件和信息技术服务业、租赁和商务服务业占据较大比重，超过50%。从北京市公布的第三产业占GDP比重（2018年）来看，金融业（16.8%）、信息传输、软件和信息技术服务业（12.7%）以及科学研究和技术服务业（10.6%）等占比高达40.1%，在第三产业中有着较大的占比。由此可见，第三产业已经由以传统服务业为主转变为以现代服务业为主，科技含量高、知识密集、技术密集特征凸显。

（4）空间布局上，产业趋向集群化发展，适应首都功能定位

北京市的产业空间布局正在从过去的单中心向多中心发展，市中心“退二进三”，工业向郊区扩散，空间布局逐渐向北京功能区发展规划靠拢。

截至2018年，北京市大部分工业企业已经从首都功能核心区（东、西城区）搬迁退出，工业企业主要分布在房山、昌平、顺义、大兴等地区发展新区。第三产业（包括生产性服务业）空间变化不明显，仍高度集中在核心区和功能拓展区（占80%左右），新区和生态涵养区的服务业比重不高。

通过对北京各区的“十三五”规划进行梳理，从图3-2可以看出，北京市各区“十三五”规划在产业选择上以高端、先进的产业为重点发展方向，产业选择更加聚焦。同时可以看出，各区在产业发展方面有着明确的定位，如东、西城区聚焦于金融、商务服务等高端服务业，昌平、海淀、门头沟、房山、大兴、通州、顺义、密云等区发展智能制造等高端制造业。

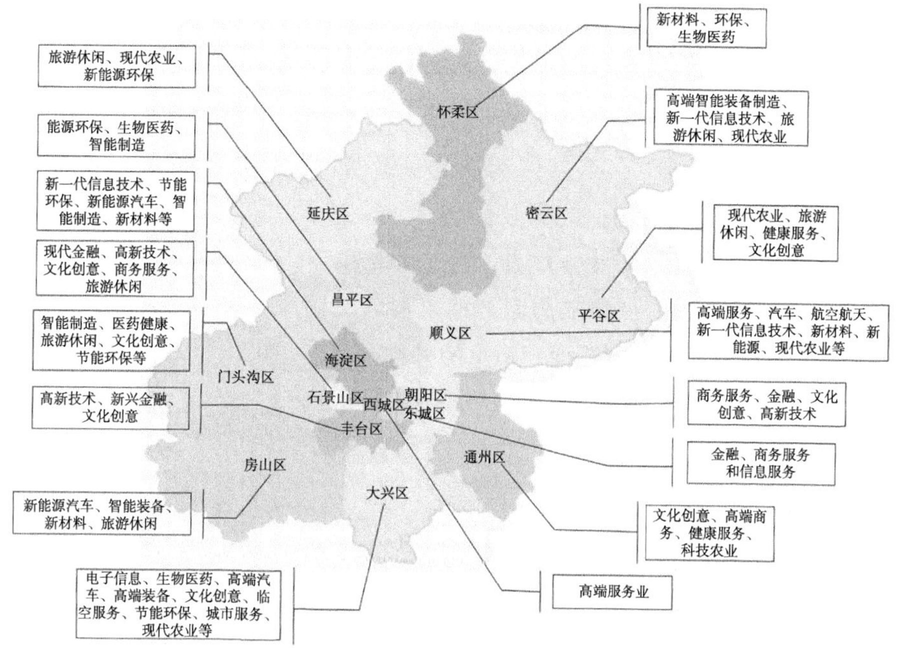

图 3－2　北京各区“十三五”规划重点产业布局

资料来源：北京市各区“十三五”规划，中国指数研究院综合整理。

综上所述，从北京市当前的产业结构来看，电力、热力生产和供应业、汽车制造业、医药制造业、金融业、信息传输、软件和信息技术服务业以及科学研究和技术服务业已然成为支柱产业。对于第三产业占比非常高的北京市来说，精细化、高端化的产业结构将有助于其持续提升城市竞争力。

3. 北京市产业结构分析

在本部分中，主要从北京市产业结构关联度、最终需求的生产诱发能力角度对北京市的产业结构进行分析。

（1）产业结构关联度分析

产业结构关联是指产业结构的前向联系与后向联系。不同产业其前向联系与后向联系的程度是不相同的，所有产业前向联系与后向联系的疏密，决定了产业之间的相互依赖程度，从而影响着整个产业结构的聚合质量。常用的衡量指标是由拉斯马森提出的影响力系数和感应度系数。本部分将利用北京市 2007 年、2012 年 42 个产业部门投入产出表，通过计算综合影响力系数和感应度系数来进行分析。

①综合影响力系数。综合影响力系数又称拉动力系数，它是指某一个产业增加一个单位的最终产品对国民经济其他产业的生产所起的拉动作用。某产业影响力系数大于1或小于1时，表明了该产业的影响力在所有产业中处于平均水平以上或以下，系数越大影响力越大，即对其他产业的带动作用越强。

根据公式计算（见附录A）可以得出北京市2007年、2012年42个产业部门综合影响力系数。从影响力系数值来看（见附录B表3），虽然2007年与2012年的部门划分略有不同，但总的来看有以下变化。

第一，排名在前十的产业部门变化比较大，其中金属矿采选产品、电力、热力的生产和供应、电气机械和器材、通用设备在2012年上升到前十，其系数均大于1。说明这些产业部门最终需求的增长会带动其他相关产业部门的发展，也就是说如果我们加大对以上的投入，这些产业会对国民经济的增长产生较强的联动效应和推动作用。

第二，金属冶炼及压延加工业、通信设备、计算机及其他电子设备制造业、煤炭开采和洗选业、交通运输设备制造业、建筑业、食品制造及烟草加工业在两个年份中的排名都很靠前，说明这些产业部门对经济的拉动作用一直很强。

第三，第三产业对经济的拉动作用还不是很明显，从2012年数据来看，金融业、批发和零售业、信息传输、软件和信息技术服务等产业排名靠后，其综合影响力系数均小于1。

②感应度系数。感应度系数又称推动力系数，反映一个经济系统的各产业部门均增加一个单位的最终需求时，该产业部门因此受到的需求感应程度，也就是需要该部门为其他部门生产提供的产出量。系数大说明该部门对经济发展的需求感应程度强，反之，则表示对经济发展需求感应程度弱。本部分利用北京市2012年42个产业部门投入产出表，通过计算感应度系数来进行分析（计算方法见附录A，具体计算结果见附录B表5）。

从北京市2012年的感应度系数来看，有以下特点。

第一，系数大于1的行业共有12个，多数为能源、运输和机械设备制造，大多是经济发展的“瓶颈”行业；其中，感应度系数大于2的有4个，分别是金属冶炼和压延加工品业，电力、热力的生产和供应业，煤炭业，化学产品业。

第二，北京市第三产业比较发达，金融业、批发和零售业、租赁和商务服务业、科研和技术服务业的推动力系数较大，说明这些技术和服务已经广泛应用到各个产业部门。同时也说明了在第三产业高速发展过程中，这些产业的需求压力巨大，容易成为发展的瓶颈。感应度系数小的大多具有最终产品性质，比如卫生和社会工作，公共管理、社会保障与社会组织，纺织服装鞋帽皮革羽绒及其制品业，教育业等。

③主导产业演化分析。将综合影响力系数和感应系数联合考虑，根据赫希曼基准，我们可以找出 2012 年北京市的主导产业为金属冶炼及压延加工品、煤炭采选产品、电力和热力生产及供应、化学产品、通信设备计算机及其他电子设备、交通运输仓储及邮政、批发和零售、造纸印刷和文教体育用品、通用设备、纺织品 10 个产品部门（见附录 B 表 3、表 5）。

综上所述，在 2012 年，北京市的工业中传统工业对经济依然有较强的推动作用，同时，第三产业也在经济推动中起到越来越重要的作用。其中，租赁和商务服务、金融对北京市的经济的拉动和推动作用尤为明显，这会促使其他产业部门不断创新升级，推动产业结构的良性化发展。不过，工业发展突破口仍然是高端设备制造业和高新技术产业。

（2）北京市最终需求的生产诱发能力

社会生产经营活动是由最终需求拉动的，最终需求对国民经济各产业部门生产有诱发作用，因此，可用最终需求的生产诱发系数表示诱发作用的大小，以及测试产业结构聚合质量与需求的联系程度。生产诱发系数是指最终需求增加一个单位时，将诱发多少单位的生产。总产出诱发系数表示最终需求量变动对各产业部门总产出的影响，诱发系数越大，表明该类最终需求对生产的诱导作用越大。本文将从消费需求、投资需求、调出（出口）需求三方面对北京市生产的诱发能力进行分析,① 具体数据如附录 B 表 6 所示。

---

① 根据芮明杰《产业经济学》有关生产诱发系数和最终依赖度的计算公式，进行如下计算：首先，计算各行业的直接消耗系数矩阵；其次，设置单位阵（根据研究产业数量设置），结合直接消耗系数矩阵计算出列昂惕夫逆矩阵；再次，结合列昂惕夫逆矩阵 $(I-A)-1$ 和最终需求项 Y_{il}，计算出生产诱发额 Z_{il}；从次，根据生产诱发额 Z_{il} 和最终需求项各列之和计算出生产诱发系数；最后，根据生产诱发额和生产诱发额各行业之和计算出最终依赖度 Q_{il}。

①消费对生产的诱发能力。消费对生产的诱发能力是指消费每增加一个单位时，将诱发多少单位的生产。根据北京市 2012 年的数据计算，从行业来看，排名前十的产业部门依次为化学产品，金属冶炼和压延加工品，电力、热力的生产和供应，金融，交通运输、仓储和邮政，批发和零售，食品和烟草，公共管理、社会保障和社会组织，租赁和商务服务，教育。这说明总消费的增加对金属制品、第三产业等生产的重要关联度，也说明重要传统工业与第三产业的消费对刺激生产有很大的作用。

②投资对生产的诱发能力。投资对生产的诱发能力是指投资每增加一个单位时，将诱发多少单位的生产，根据北京市 2012 年投资对生产的诱发系数计算结果分析可以看出，从具体部门来看，排名前 10 的为金属冶炼和压延加工品、建筑，信息传输、软件和信息技术服务，化学产品，通信设备、计算机和其他电子设备、电力、热力的生产和供应、房地产、批发和零售、非金属矿物制品、交通运输、仓储和邮政水利，对这些行业的投资将拉动经济更快地增长。

③调出（出口）对生产的诱发系数分析。调出对生产诱发系数是指区域流出每增加一个单位时，将诱发多少单位的生产。从具体部门来看，金属冶炼和压延加工品，通信设备、计算机和其他电子设备，科学研究和技术服务，交通运输、仓储和邮政、批发和零售、化学产品、租赁和商务服务、电力、热力的生产和供应、石油、炼焦产品和核燃料加工品和金融这些部门的诱发系数较大，这些行业调出主要是第二产业与第三产业。

综上所述，目前来看，北京市的产业结构进入了深度转型期，最为明显的特点就是经济增长速度开始下降，经济结构不断优化。北京市的经济出现了三个新的特征：经济结构高端，经济空间均衡以及经济区域不断融合。

（五）河北省产业结构演变与现状分析

1. 河北省产业结构的演变

改革开放以来，河北省经济快速发展，国民经济水平不断提高，GDP 总量从 1978 年的 183.06 亿元增长到 2017 年的 34016.32 亿元。在经济增长过程中，产业结构不断优化，第一产业在国民经济中比重逐渐缩小，地位不断下降；第二产业有较大发展，工业中心从轻工业主导型逐渐转向基础工业主导型，第二产业占主导地位；第三产业也有一定发展，在国民经济中占比相对稳定。①

根据河北省三次产业结构的统计数据分析，本书从改革开放以后的河北省产业结构演变过程分为以下几个阶段进行研究。

第一阶段：1978—1984 年，这个时期产业结构变动的显著特点是第一产业在国内生产总值的比重迅速上升，并达到历史峰值。1983 年，在河北省国内生产总值中，第一产业的比重达到 36.05%，比 1978 年的 28.52% 提高了 7.53 个百分点；同期第二产业比重下降了 9.89 个百分点，跌至历史谷底；第三产业比重平稳提高，上升了 2.36 个百分点，数据如表 3－6 所示。这说明河北省农村和农业改革极大解决了农业生产力问题，推动了第一产业的发展，反映出资源配置向第一产业的倾斜，使工农业比例不协调的状况得到极大改善。从 1984 年开始，第一产业的比重逐步下降。在这个时期，纺织轻工等消费品工业也取得了很大发展，满足了市场需要，但重工业处于调整之中，因此，第二产业比重下降较多。

表 3－6　　1978—1984 年河北省三次产业结构比重　　单位：%

年份	第一产业	第二产业	第三产业
1978	28.52	50.46	21.02
1979	30.07	50.07	19.86
1980	31.06	48.29	20.65
1981	31.92	46.35	21.73
1982	34.04	42.88	23.08
1983	36.05	40.57	23.38
1984	33.55	43.90	22.55

数据来源：《河北经济年鉴》（2018 年）。

第二阶段：1985—1992 年，是非农产业较快发展的时期，第三产业的比重从 1985 年的 23.23% 上升到 1992 年的 35.06%，达到该阶段历史的最高点。

① 数据来源：《河北经济年鉴》（2018 年）。

同时，第二产业比重保持在42%以上，而第一产业下降10个百分点左右，如表3-7所示。可以看出，社会资源的配置逐步转向第三产业，促进了第三产业的发展。

表3-7　　1985—1992年河北省三次产业结构比重　　单位：%

年份	第一产业	第二产业	第三产业
1985	30.33	46.44	23.23
1986	28.27	47.47	24.26
1987	26.38	49.04	24.58
1988	23.14	46.11	30.75
1989	23.85	45.56	30.57
1990	25.43	43.23	31.34
1991	22.10	42.90	35.00
1992	20.11	44.83	35.06

数据来源：《河北经济年鉴》（2018年）。

第三阶段：1993年以后，是工业主导的时期，第二产业的总产值在河北省的GDP总值中占据了较大比重（见表3-8）。经济增长明显具有重化工业主导的特征，基础设施包括能源、交通和通信设施的建设加强。电力、钢铁、机械设备、汽车、造船、化工、电子、建材等工业成为河北省国民经济增长的主要动力。其内在原因是随着能源、交通、通信基础设施建设的进展，带动了电力、运输车辆、建筑材料、钢铁、有色、石油化工和机械电子等产品和建筑业的需求，推动了第二产业的发展。

表3-8　　1993—2017年河北省三次产业结构比重变化　　单位：%

年份	第一产业	第二产业	第三产业
1993	17.84	50.15	32.01
1994	20.66	48.14	31.20
1995	22.16	46.42	31.42
1996	20.30	48.21	31.49
1997	19.27	48.92	31.81

续 表

年份	第一产业	第二产业	第三产业
1998	18. 58	48. 97	32. 45
1999	17. 86	48. 48	33. 66
2000	16. 35	49. 86	33. 79
2001	16. 56	48. 88	34. 56
2002	15. 90	48. 38	35. 72
2003	15. 37	49. 38	35. 25
2004	15. 73	50. 74	33. 53
2005	13. 98	52. 66	33. 36
2006	12. 75	53. 28	33. 97
2007	13. 26	52. 93	33. 81
2008	12. 71	54. 34	32. 95
2009	12. 81	51. 98	35. 21
2010	12. 51	52. 62	34. 88
2011	11. 42	53. 91	34. 67
2012	11. 37	53. 20	35. 43
2013	11. 07	52. 62	36. 32
2014	10. 79	51. 75	37. 46
2015	10. 44	49. 07	40. 49
2016	9. 74	48. 19	42. 07
2017	9. 21	46. 58	44. 21

数据来源：《河北经济年鉴》（2018 年）。

2. 河北省产业结构特征

河北省的地理位置比较优越，紧靠渤海湾与京津地区，资源丰富，经济建设取得了不错的成绩。尤其是近几年，河北省的经济发展势头比较迅猛。2010 年河北省的生产总值为 20494. 19 亿元，到了 2017 年河北省的生产总值达到了 34016. 32 亿元，有着具体的提升。

根据河北省生产总值的历年变化（见图 3 - 3），以及 2017 年产业结构分布可以看出，河北省的生产总值超过了 34000 亿元，相比于 2016 年同比增长 6. 6% 。与全国经济增速持平。截至 2017 年，河北省始终处于工业产业居首并高于第三产业的发展局面。从图3－3中的数据可以看出，在河北省的经济发展中，第二产业始终占据着主要地位，但第三产业比重开始稳步上升。然而第三产业与发达地区有着显著的差距，尤其是和京津地区相比较。不过近年来，随着河北省产业结构的调整，第三产业的生产总值也开始慢慢靠近第二产业，有了显著的提高。

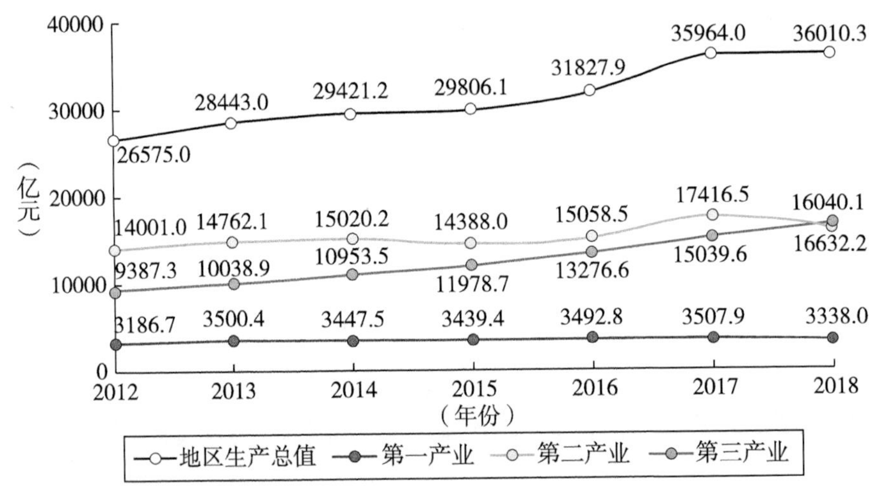

图3－3　河北省2012—2018年生产总值

数据来源：河北省统计局官网。

根据历年数据分析，河北省的产业结构呈现出以下特征。

（1）工业为主导，产业发展不均衡，第三产业占比逐渐上升

通过河北省不同产业增加值来看，河北省呈现出第二产业占比过高、产业发展不均衡的特点。由河北省各行业年度增加值（见图3－4）来看，河北省的工业增加值处于一个稳定增长的区间，除2015年有短暂的降低以外，2012—2018年每年产业增加值增长平稳。一方面，河北省的工业发展迅速为地区经济发展带来了基础动力；另一方面，工业占比过大也导致了河北省的产业结构发展不均衡，缺乏科学的长期发展动力。2017年开始，河北省第三产业开始逐渐繁荣并呈现稳定发展的局面，到2018年，超越了第二产业成为河北省的支柱型产业。这与国家的宏观发展格局以及河北省的发展战略是分不开的。

工业的高度发达给河北省带来了必要的经济发展基础，但同时，也极大地限制了其经济发展结构。通常来讲，在第三产业发展达到一定程度的基础

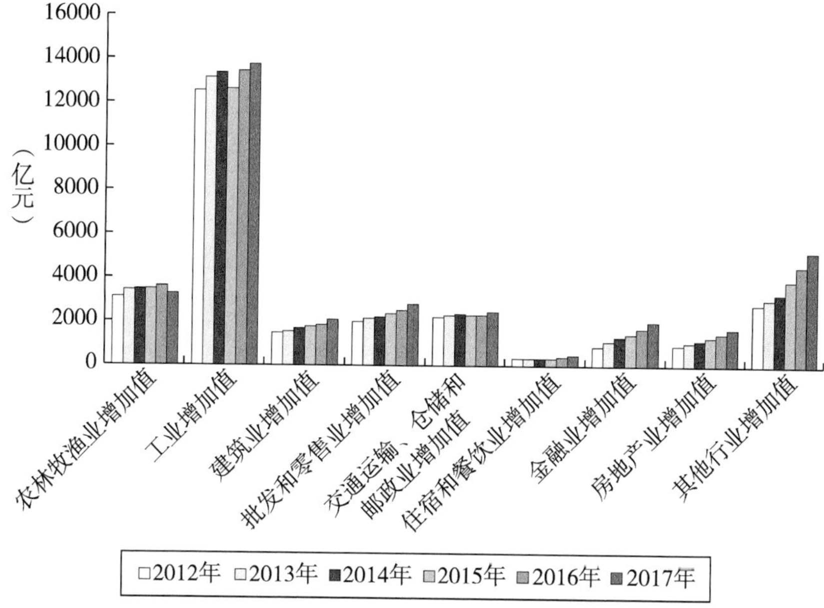

图 3－4 河北省各行业年度增加值

上，各行各业才能迭代优化、充分竞争。因此，加快产业结构升级，促进产业结构调整也是目前摆在河北省面前亟待解决的难题。

（2）传统制造业优势明显，先进制造业优势有待提升

根据《河北省 2018 年国民经济和社会发展统计公报》的统计数据得知，河北省规模以上工业中，装备制造业增加值比上年增长 8.3%，钢铁工业增加值增长 4.6%，石化工业增加值增长 1.4%，医药工业增加值增长 13.2%，建材工业增加值增长 3.1%，食品工业增加值增长 4.4%，纺织服装业增加值下降 0.5%。高耗能行业增加值增长 4.2%，具体数据如表 3－9 所示。

表 3－9 2017—2018 年河北省部分规模以上工业分行业增加值增速 单位：%

指标	2017 年	2018 年
规模以上工业	3.4	5.2
装备制造业	12.1	8.3
钢铁工业	－0.1	4.6
石化工业	－3.6	1.4
医药工业	7.9	13.2

续 表

指标	2017 年	2018 年
建材工业	-1.3	3.1
食品工业	6.5	4.4
纺织服装业	1.2	-0.5
煤炭开采和洗选业	-28.4	-4.9
高耗能行业	-2.1	4.2
石油、煤炭及其他燃料加工业	-8.1	0
黑色金属冶炼及压延加工业	-3.0	-11.7
化学原料及化学制品制造业	-2.0	-1.1
非金属矿物制品业	3.6	-5.2
电力、热力的生产和供应业	5.8	7.2
高新技术产业	11.3	15.3
新能源、新材料	17.2	17.7
生物	15.3	16.0
电子信息	14.9	—
高端装备技术制造	13.9	23.1

数据来源：根据《河北省 2018 年国民经济和社会发展统计公报》相关数据整理。

从各产业的发展规模来看，黑色金属冶炼及压延加工业，电力、热力的生产和供应业是河北省制造业的绝对优势产业，占有绝对性的比重①。这说明河北省制造业仍以传统产业为主。②

(3) 服务业与供给侧的发展明显不足，但高端、新兴服务业呈现良好势头

研究表明，不管是什么时代，消费结构会直接影响当地的产业结构，而且影响巨大。目前，河北省的服务业与供给侧的发展有着明显的不足，生产者无法满足消费者的需求，或者说无法给消费者提供更加优秀、高质量的产品，也无法满足消费者对于多样化产品的需求，进而导致河北省大量消费外流。截至 2017 年，河北省的居民可支配收入已达到 21484.1 元，人均消费支出为 15893

① 数据来源：《河北经济年鉴》(2018 年)。

② 表 3-9 中数据为按行业规模以上工业企业主要指标（2017 年）中，各工业企业的流动资产与固定资产的合计值。

元，最终消费率仅为47.2%，仍旧低于资本形成率56.1%（同期北京最终消费率60.1%，资本形成率39.1%），在“消费”这架马车日益重要的当下，如何有效地促进消费也是河北省经济发展的重点。从表3-9中的数据可以看出，以战略性新兴服务业、高技术服务业和科技服务业等为代表的服务业新动能不断成长壮大。同时，以信息传输、计算机服务和软件业，租赁和商务服务业为代表的服务业新兴行业也在增长，消费结构不断升级优化。

3. **河北省产业结构分析**

本部分将利用河北省2007年、2012年42个产业部门投入产出表，通过计算综合影响力系数和感应度系数来进行分析。

（1）产业结构关联度分析

①综合影响力系数。根据公式计算（见附录A）可以得出河北省2007年、2012年42个产业部门综合影响力系数。从综合影响力系数值来看（见附录B表4），2007年与2012年相比可以得出以下结论：一方面，从这两年的排名来看，综合影响力在前的10个产业部门变化不是很大，其中排名前五的产业部门基本无变动，电气机械和器材制造业，金属制品业，金属冶炼和压延加工业，通用设备，专用设备这几个行业的发展比较稳定。这些产业部门基本集中在加工制造业，说明河北省第二产业对经济的拉动作用明显。另一方面，批发零售业和房地产业对经济的拉动作用最弱。

②感应度系数。通过对河北省2012年42个产业部门的感应度系数进行分析（见附录B表5），可以得到以下特征：一方面，感应度系数大于1的行业共有14个，多数为能源、运输和机械设备制造，主要集中于第二产业；其中，感应度系数大于2的有5个，分别是金属冶炼和压延加工品，电力、热力的生产和供应，化学产品，煤炭采选产品，金属矿采选产品。河北省能源矿产丰富，是重要的原材料化工生产基地，因此能源矿产开采产业的地位很重。另一方面，在排名前十的产业部门中，第三产业中仅金融业的感应度系数大于1，这说明了金融业对经济的推动作用已经显现出来。

③主导产业演化分析。根据综合影响力系数和综合感应度系数，可以得出河北省2012年的主导产业为金属冶炼及压延加工品、交通运输、仓储和邮政、农林牧渔产品和服务以及化学产品。

（2）河北省生产的诱发能力

①消费对生产的诱发系数分析。根据河北省 2012 年的相关数据计算（见附录 B 表 7）可以看出，诱发系数前十的产业部门有：农林牧渔业，金融，交通运输、仓储和邮政，化学产品，电力、热力的生产和供应，食品和烟草，金属冶炼和压延加工品，公共管理、社会保障和社会组织，房地产，煤炭采选产品。从行业来看，第三产业已经占据了较大了比重，说明了第三产业的消费对刺激生产有很大的作用。

②投资对生产的诱发系数分析。从具体数据来看，排名前十的产业部门为建筑、金属冶炼和压延加工品，金属矿采选产品，化学产品，非金属矿物制品，电力、热力的生产和供应，煤炭采选产品，金属制品，交通运输、仓储和邮政，石油、炼焦产品和核燃料加工。对这些产业部门的投资将拉动经济更快增长。

③调出（出口）对生产的诱发系数分析。从具体行业来看，排名前十的产业部门依次为金属冶炼和压延加工品，化学产品，金属矿采选产品，电力、热力的生产和供应，煤炭采选产品，交通运输、仓储和邮政，纺织服装鞋帽皮革羽绒及其制品，金属制品，农林牧渔产品和服务、通信设备、计算机和其他电子设备。这些行业的调出产品仍主要是第二产业。

综上所述，可以看出能源矿产开采和加工业在河北省生产总值中占据很重要的地位。从数据来看，制造业对经济的拉动作用越来越大，并且逐渐向资本密集型和技术密集型的方向发展。金融业对经济影响也初见端倪，虽然表现不明显，但是它对经济增长的拉动作用逐渐增强，会促使河北省的产业结构向更加完善的方向发展。

（六）京冀地区产业结构的协调发展

1. 京冀地区就业结构与产业结构相关性

经济发展与人才密度息息相关，一个城市想要得到发展，就不可避免地需要相关人才不断贡献力量，因此人才变得尤为可贵。同时，在产业结构中，第三产业，也就是服务业，对高端人才的需求将会越来越大。所以，城市的就业结构也反映着一个城市的产业结构合理性和未来发展空间。

（1）北京市就业情况分析

如图 3－5 所示，从北京市各产业就业人数来看，第三产业就业人数从 2017 年开始，已经突破了 1000 万人次。我们知道，北京市集合着中国最优质的教育资源和营商环境，因此大量的高知人才流入使北京市的经济得到迅速的发展。2018 年，北京市第一、第二、第三产业的就业人数比例接近 1∶4∶22。可以看出，北京市的服务业已经远远走在前端。事实上，北京市的第三产业已经处于一个充分竞争的格局中。这也反映着北京市的第三产业发展之迅速，迭代之迅速。也可以预想得到，北京市的第三产业依然有着大量的发展机遇和发展空间。

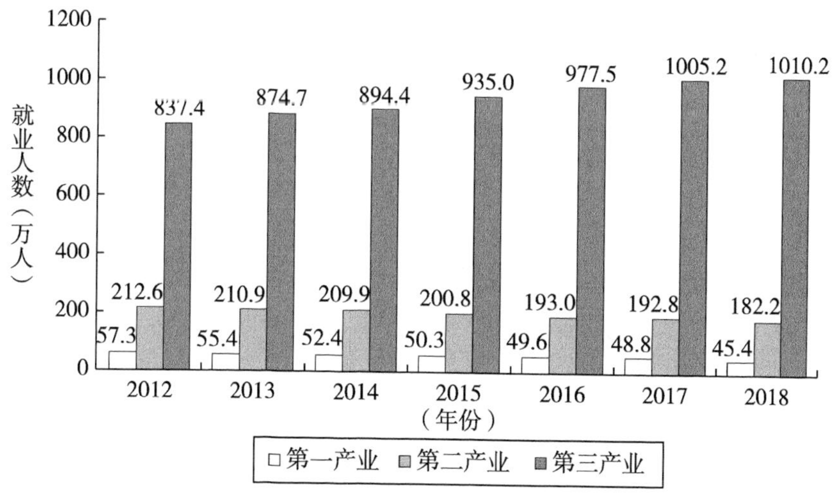

图 3－5　2012—2018 年北京市就业人数统计

数据来源：国家统计局。

（2）河北省就业情况分析

通过河北省各产业就业人数统计（见图 3－6）可以看出，河北省的第一、第二、第三产业就业人数逐年趋向于合理化。在 2013 年以前，河北省第一产业的从业者数量连年居于首位。但是通过分析三大产业的年增长值可以发现，河北省的第一产业生产总值只占据经济总值的约 16%。这说明，河北省的第一产业从业者人数与其生产量是不相匹配的。河北省在全国范围内，城镇化水平居中，农村人口数量多，这造成了河北省第一产业从业者人数众多、整体人口从业结构失衡。从 2013 年起，河北省第二产业从业者逐渐增

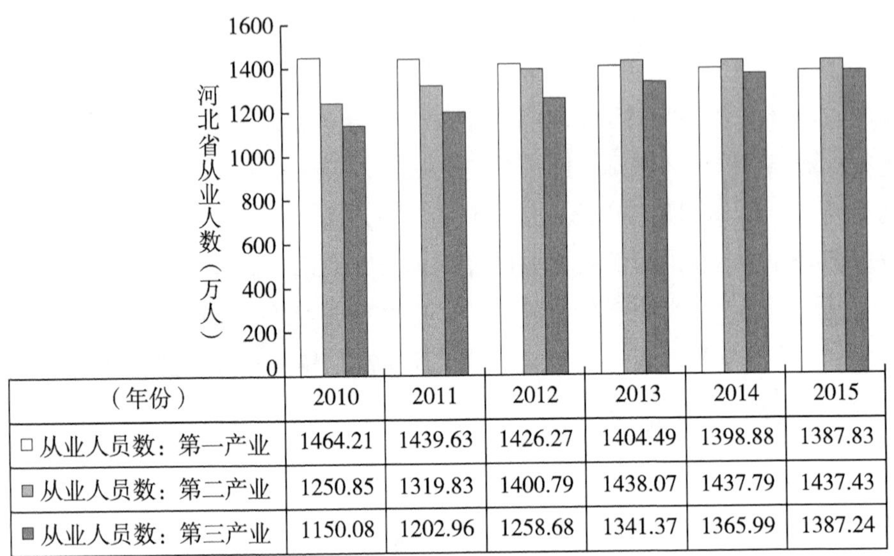

（年份）	2010	2011	2012	2013	2014	2015
□从业人员数：第一产业	1464.21	1439.63	1426.27	1404.49	1398.88	1387.83
■从业人员数：第二产业	1250.85	1319.83	1400.79	1438.07	1437.79	1437.43
■从业人员数：第三产业	1150.08	1202.96	1258.68	1341.37	1365.99	1387.24

图3－6　河北省2010—2015年就业人数统计

数据来源：国家统计局。

加，超过了第一产业从业者数量。对于河北省产业结构来说，这是一个趋向于合理的结果，也是河北省经济协调发展的良性结果。

总体而言，对河北省产业从业者结构来说，还面临着高素质人口缺失造成的第二产业、第三产业发展人才失衡的问题。这个问题主要与河北省的人口流失，与河北省的整体经济发展情况缓慢有关。但随着全国经济的不断发展，河北省产业结构的不断优化升级，这个现象也在逐渐改善及好转。

2. 京冀地区协同发展对产业结构的影响

京津冀城市群是中国的“首都经济圈”，包括北京市、天津市以及河北省的保定、唐山、廊坊、石家庄、邯郸、秦皇岛、张家口、承德、沧州、邢台、衡水11个地级市和定州、辛集2个省直管市以及河南省的安阳市。想要打造首都经济圈，京津冀城市必须协同发展，同时为推进区域发展体制创新带来动力。

自京冀产业协同发展落实到经济发展重心上以来，河北省地区承接了多项北京市的工业转移项目。这带动了河北省第二产业的迅速崛起，缓解了北京市的产业结构调整问题。截至2015年，共有60个重点经济开发区由北京市和天津市转移到了河北省，并且确定了相关产业转移后的发展方向。据统计，2015 年，京津地区向河北省转移的项目为 443 个，其中北京市转移的项目为 378 个，总投资金额为 5584 亿元，极大地刺激了河北省的经济发展。在这 378 个转移项目中，投资超过 59 亿元的项目有 20 个，投资高达 100 亿元以上的项目为 11 个，给河北省的经济带来了巨大的资金和技术的支持。在 2016 年第一季度，河北省再次承接北京市转移项目 172 个，总投资金额达到 1290 亿元。

从首都工业产业转移的角度来说，北京市受限于城市规模，还承担了首都经济发展的责任，作为政治中心，北京市不得不在市场经济进行的同时，优先对产业结构进行人为的优化调节，而河北省作为与北京市相邻的省份，义不容辞地承担了来自北京市的工业产业转移，这一点虽然帮助了河北省更快地实现工业化发展，但也影响了河北省的产业结构合理性。

3. 京冀地区需求对生产的作用

从经济学的观点来看，经济的发展就是一个供给的问题，即生产者和消费者的问题。没有需求，只生产不消费，经济就无法增长。若是我们依旧不断地去制造产品，而没有人消费它，没有了市场，那么随之而来的不是收益，而是经济危机。没有消费，生产出来的产品就没有任何意义。当我们生产出来产品之后，不仅需要消费者去使用，而且需要消费者有购买的意愿。就目前来说，我们国家 GDP 的构成主要是表现在了消费和投资这两个方面，它们各占了 50% 和 45%，剩下 5% 的 GDP 则是表现在出口。投资的 GDP 贡献比率看起来很高，有 45%，但是当我们和发达国家相比较的时候就会发现我们的投资比例仅有人家的一半，这表明了我们国家的消费水平还有更大的提升空间，也意味着将来我们的消费增长会很快。如果中国经济要回到可持续增长的轨道上来，消费占 GDP 的比重需要从 50% 提高到至少 70%。如果这一转变需要 10 年时间，那么消费的年增长将必须超过 GDP 增长近 4 个百分点。换言之，如果 GDP 以每年 6% 的速度增长，那么消费就必须以每年 10% 的速度增长，这是一个非常快的速度。未来要实现经济增长，必须以消费为动力。

因此，我们在讨论一个地区的经济发展时，首先不容忽视的就是当地的实际消费。一个地区的消费与经济发展息息相关。经济不断发展意味着社会财富总量不断增大，在这个过程中，人民的口袋也在逐渐充实。在消费者购买力充足的前提下，经济发展又出现了新一轮的蓬勃生机。因此，我们在讨论一个地区的产业结构及产业发展时，离不开一个区域的需求和消费水平。

（1）北京市居民消费水平分析

根据北京市居民消费水平来看（见图3－7），2017年，北京市居民的人均年平均消费约为53000元，这也意味着居民为生产力的增长做出了同比例的贡献。同时，通过农村居民消费水平与城镇居民消费水平的对比可以发现，农村与城镇的消费差距正在不断扩大。北京市整体的居民消费对比同时期中国其他省份来看，其消费水平始终居于前列。这对北京市产业的发展起到了极大的推动作用。

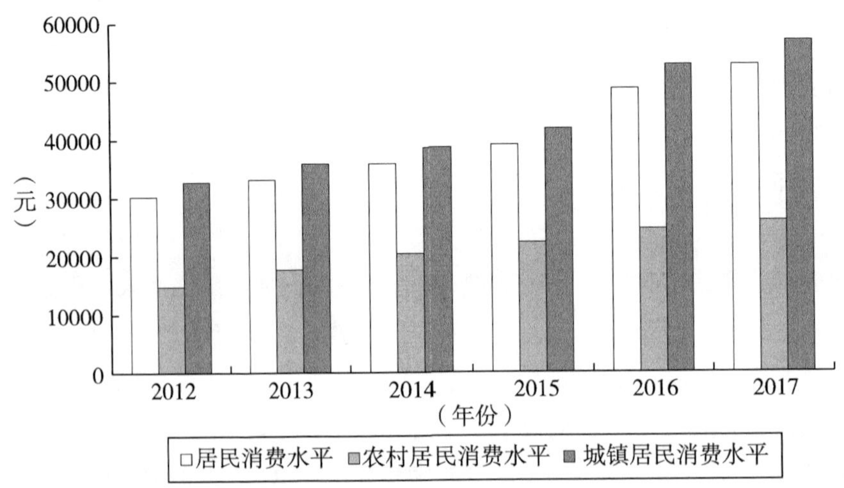

图3－7 北京市居民消费水平统计

数据来源：《北京统计年鉴2018》。

（2）河北省居民消费水平分析

通过图3－8可以看出，2017年，河北省居民的人均年平均消费约为16000元。这反映了在河北省的经济发展中，产业结构仍然处于较为初级的水平，城镇化及城镇居民的收入并没有我们想象的那样发达。这也意味着，在河北省的产业结构转型中，整体结构优化较为吃力，没有很好地利用人才力量将第三产业有力地带动起来。总体来看，河北省的人口消费也极为有限，这对于河北省的生产力发展来说，无法起到有效的推动作用，也是河北省产业结构高级化需要解决的一个问题。

综上所述，通过京冀地区产业结构的相关数据可以看出，京冀地区的整

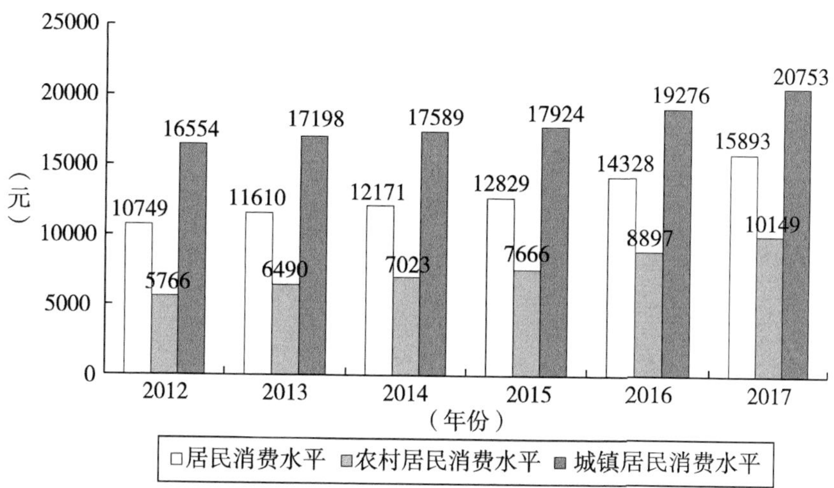

图 3－8　河北省居民消费水平统计

数据来源：《河北经济年鉴 2018》。

体产业结构符合产业结构高级化的基本趋势，在经济发展的大背景下，第一产业占比逐步降低，第二产业稳定增长，第三产业快速迭代。这与我国的人口数量、国家政策等息息相关。在经济发展的大趋势下，京冀两地也存在明显的差异。对于北京市来讲，由于其政治地位的特殊性，在产业发展结构中，比河北省首先迈入产业结构高级化的队列，其第三产业在近年来，一直遥遥领先，第三产业的行业结构也经过了不断地优化升级。相比之下，河北省的产业结构仍处于相对落后的状态，工业产业占比过高是河北地区产业结构的明显特征。但在 2017 年，河北省也摆脱了经济结构落后的现状，第三产业首次居于首位，这与河北省的经济发展总量提升、工业实力逐步积累、人口素质逐步提高是分不开的。

FOUR —— 四

基于CGE模型的京冀地区冬奥会经济影响预测

（一）CGE 模型建模机理

一个典型的 CGE 模型是基于一组描述供给方、需求方与市场关系的方程以及对应的预算约束线来求解均衡时的价格和数量的多部门、多市场模型，一般涉及三个模块。第一个是需求模块，通过需求函数刻画消费者和政府行为，同时加入预算约束线，求解出消费者效用最大化的均衡条件。第二个是生产模块，该部门通过描述市场产品的供应情况，设定生产者的生产方程、约束方程、生产要素的供给方程以及优化条件方程等。第三个是均衡模块，即供给与需求达到一种相对平衡的稳定状态，此时经济系统存在商品市场出清，即在商品市场上各种商品的供求相等；要素市场出清，即在要素市场上劳动和资本的供需相等。通过各种产品和生产要素之间的相互影响，最终实现商品市场和要素市场的同时均衡。基于上述分析，本文建立以下三个模块：需求模块、供给模块与均衡模块。

1. **需求模块**

最终需求用于刻画消费者行为，主要是指在消费者的预算约束下，合理配置资源和要素禀赋以实现效用最大化。消费者选择中包括目标函数与预算约束条件。预算约束条件用描述性方程来描述，涉及消费者的收入及其可支配收入。目标函数引入储蓄决策，使用扩展线性支出系统（Extended Linear Expenditure System，ELES）来刻画居民效用函数。一般而言，消费者具有不同的消费偏好，其会在一定的收入约束下，针对不同商品价格做出最优化的可支配收入决策，以产生消费效用最大化的商品消费集合。但是 ELES 模型是将消费需求作为一个系统来研究，包含居民消费的两个部分，即最低基本需求和额外需求，最低基本需求与收入水平无关，只是为了维持最基本的生活水平，而额外需求则取决于满足最低基本需求后的“剩余收入”和消费者偏好。

（1）消费模型

研究居民消费必须研究居民的消费总量和结构，本文采用消费模型和扩展线性支出系统模型来研究北京市和河北省居民消费总量和结构。即利用消费模型研究总量和消费结构，将消费需求作为一个系统来研究。

①模型表达式。ELES 模型的一般设定为

$$V_i = p_i q_i = p_i q0_i + \beta_i \left(Y - \sum_{k=1}^{n} p_k q0_k \right) \tag{4.1}$$

其中，V_i 为第 i 类商品的消费支出，p_i 为第 i 类商品的价格，$q0_i$ 为第 i 类商品的最低基本需求量，β_i 为第 i 类商品的边际消费倾向，Y 为总收入，$\sum_{k=1}^{n} p_k q0_k$ 为最低基本需求总支出。$q0_i$ 和 β_i 为待估参数。本书运用 ELES 模型，将北京市和河北省的居民消费总量和结构作为一个系统进行研究。

②ELES 的模型估计方法。假定价格不变，则

$$p_i q0_i = \widehat{\alpha_i} + \frac{\widehat{\beta_i} \sum_i \widehat{\alpha_i}}{1 - \sum_i \widehat{\beta_i}} \tag{4.2}$$

其中，

$$\alpha_i = p_i q0_i - \beta_i \sum_{k=1}^{n} p_k q0_k \tag{4.3}$$

边际预算份额的计算公式为

$$B = \frac{\widehat{\beta_i}}{\sum_i \widehat{\beta_i}} \tag{4.4}$$

（2）投资模型

将投资分为固定资产和存货，简化后，以固定资产进行自回归用于预测，模型设定如下：

$$\mathrm{I}_i = \sum_{m=1}^{i} \alpha_m i_{i-m} \tag{4.5}$$

其中，I 为固定资产，$i = 1, 2, \cdots, n$

2. 供给模块

供给模块基于最优化国内生产总值的目标函数，设定投入–产出线性方程和资源约束方程，具体而言包括目标函数，投入–产出平衡、资源消耗、环境污染三个约束方程。根据目标函数和约束方程可以解得最优供给量。

（1）目标函数

首先，投入–产出模型设定如下：

$$X = \boldsymbol{A}X + Y \tag{4.6}$$

其中，$X = (X_1, X_2, X_3, \cdots, X_n)'$ 为国民经济各部门的生产量向量，$Y = (Y_1, Y_2, Y_3, \cdots, Y_n)'$ 是最终产品向量，$\boldsymbol{A}$ 为直接消耗系数矩阵。

当直接消耗系数 a_{ij} 采用价值形态，则以国民经济的两部门为例，单位价值中转移价值部分为

$$\boldsymbol{A}'P = \begin{pmatrix} a_{11} & a_{21} \\ a_{12} & a_{22} \end{pmatrix}\begin{pmatrix} p_1 \\ p_2 \end{pmatrix} = \begin{pmatrix} p_1 a_{11} & p_1 \ a_{21} \\ p_2 \ a_{12} & p_2 \ a_{22} \end{pmatrix} \tag{4.7}$$

上式中 $P = (P_1, P_2, P_3, \cdots, P_n)'$ 为国民经济各部门产品的价格向量。

接着，令单位产值中的新创造价值为 $N = (N_1, N_2, N_3, \cdots, N_n)'$

在两部门中，

$$N = (N_1, N_2)'$$

$$\begin{pmatrix} N_1 \\ N_2 \end{pmatrix} = \begin{pmatrix} p_1 \\ p_2 \end{pmatrix} - \begin{pmatrix} a_{11} & a_{21} \\ a_{12} & a_{22} \end{pmatrix}\begin{pmatrix} p_1 \\ p_2 \end{pmatrix} = \begin{pmatrix} p_1 - p_1 a_{11} - p_1 a_{21} \\ p_2 - p_2 \ a_{12} - p_2 \ a_{22} \end{pmatrix} \tag{4.8}$$

当 $N = P - \boldsymbol{A}'P$ 时，国民收入总量为

$$Y = N'XP = (P' - P'\boldsymbol{A})X = P'(I - \boldsymbol{A})X \tag{4.9}$$

此时，线性规划模型的目标函数为

$$\max Y = P'(I - \boldsymbol{A})X \tag{4.10}$$

（2）投入–产出平衡约束

投入–产出平衡约束反映出各部门间生产与消耗的关系，当用总产品和最终产品间的关系来表示时，该约束条件暗含着通过确定规划期的最终产品预测值，求解最优的生产结构，以使产品增加值最大。约束条件设定如下：

$$(I - \boldsymbol{A})X(tm) \leqslant Y(tm) \tag{4.11}$$

其中，$X(tm)$ 为待求的规划期总产出向量，$Y(tm)$ 为规划期的最终产品预测值向量。

（3）资源消耗约束

生产部门的资源消耗系数矩阵为 $\boldsymbol{R}$，经济系统资源量向量为 S，资源约束方程定义为

$$\boldsymbol{R}X \leqslant S$$

具体而言，假设存在两种资源约束，则

$$S = (s_1 \quad s_2)$$

$$\boldsymbol{R} = \begin{pmatrix} r_{11} & r_{12} & r_{13} \\ r_{21} & r_{22} & r_{23} \end{pmatrix}$$

资源约束方程为

$$\begin{pmatrix} r_{11} & r_{12} & r_{13} \\ r_{21} & r_{22} & r_{23} \end{pmatrix} \begin{pmatrix} X_1 \\ X_2 \\ X_3 \end{pmatrix} \leqslant \begin{pmatrix} s_1 \\ s_2 \end{pmatrix} \tag{4.12}$$

（4）环境污染约束

生产部门的污染排放系数矩阵为 $\boldsymbol{C}$，经济系统污染物排放量向量为 $\boldsymbol{H}$，则环境污染约束方程定义如下：

$$\boldsymbol{CX} \leqslant \boldsymbol{H}$$

具体而言，假设存在两种污染物约束，则

$$\boldsymbol{H} = \begin{pmatrix} h_1 \\ h_2 \end{pmatrix}$$

$$\boldsymbol{C} = \begin{pmatrix} c_{11} & c_{12} & c_{13} \\ c_{21} & c_{22} & c_{23} \end{pmatrix}$$

资源约束方程为

$$\begin{pmatrix} c_{11} & c_{12} & c_{13} \\ c_{21} & c_{22} & c_{23} \end{pmatrix} \begin{pmatrix} X_1 \\ X_2 \\ X_3 \end{pmatrix} \leqslant \begin{pmatrix} h_1 \\ h_2 \end{pmatrix} \tag{4.13}$$

3. **均衡模块**

CGE 模型中有三个宏观账户平衡关系，包括政府收支平衡、国际收支平衡和投资 - 储蓄平衡，本书重点考察投资 - 储蓄平衡闭合规则，根据投入产出表中调进和调出建立平衡模块对供给和需求的不平衡进行调整，使最终需求等于最终供给，以达到经济系统的平衡。

（二）京冀地区 CGE 模型的建立与应用

1. 政策情景与数据来源说明

（1）模型政策情景

基于前文分析，本书中的 CGE 模型主要通过供给模型和需求模型以及一个平衡模块来分析北京—张家口奥运经济的变动情况。部分学者在构建 CGE 模型时会采用社会核算矩阵（Social Account Matrix，SAM）作为模型的基础均衡数据集，但 SAM 的数据整理相当复杂且容易出错，考虑到数据的可得性，本书选取到目前为止可以得到的最为详细的投入产出表（北京市和河北省 2012 年投入产出表）作为本书模型的主要数据基础，同时加入北京市和河北省 2012 年经济、资源、环境投入产出数据，建立北京—张家口 CGE 模型。根据建立的模型，通过静态模型评价分析 2022 年冬奥会对北京市与河北省系统的经济影响效应。

（2）产业部门的划分

根据北京—张家口奥运经济分析的需要，将国民经济全部行业划分为 42 个产业部门，涉及三个产业，其中，第一产业为 1 个部门，第二产业为 27 个部门，第三产业为 14 个部门。既包括了国民经济所有行业，同时又突出了北京市和河北省重点关注的行业，部门划分根据 2012 年的北京市和河北省统计局的统计口径来确定。具体而言，第一产业部门为农林牧渔产品和服务；第二产业包括煤炭采选品，石油和天然气开采产品，金属矿采选产品，非金属矿和其他矿采选产品，食品和烟草，纺织品，纺织服装鞋帽皮革羽绒及其制品，木材加工品和家具，造纸印刷和文教体育用品，石油、炼焦产品和核燃料加工品，化学产品，非金属矿物制品，金属冶炼和压延加工品，金属制品，通用设备，专用设备，交通运输设备，电气机械和器材，通信设备业、计算机和其他电子设备，仪器仪表，其他制造产品，废品废料，金属制品、机械和设备修理服务，电力、热力的生产和供应，燃气生产和供应，水的生产和供应，建筑 27 部门；第三产业包括批发和零售，交通运输，仓储和邮政、住宿和餐饮，信息传输、软件和信息技术服务，金融，房地产，租赁和商务服务，科学研究和技术服务业，水利、环境和公共设施管理，居民服务、修理和其他服务，教育，卫生和社会工作业，文化、体育和娱乐，公共管理、社会保障和社会组织 14 个部门。

（3）数据来源

本书用地区生产总值表征北京市和河北省的经济状况，其中，固定资产投资用于构建投资模型，废气、废水和固体废弃物总量刻画环境污染约束，水资源、能源消费及各产业劳动力数量表征北京市和河北省资源状况，城乡居民家庭平均每人全年消费性支出和消费结构状况用于构建需求模块。政府冬奥会预算投入用于衡量冬奥会投资情况。

北京市和河北省经济、资源、需求等数据源于北京市统计局、国家统计局、《北京统计年鉴2013》《河北经济年鉴2013》《河北省国民经济和社会发展第十三个五年规划纲要》，冬奥会投资数据源于北京市人民政府、中华人民共和国财政部官网、《北京2022年冬季奥林匹克运动会和残奥会申办报告》。

（4）基准年份选择

作为政策分析和经济模型的事实依据，CGE模型所采用的数据应充分反映现实经济状况，因此应采用最新的数据进行北京市与河北省的CGE模型构建，主要数据来源是各地区的投入产出表、国民收入统计、地区统计年鉴、地区商品进出口数据以及城乡居民生活调查。由于目前可获得的各地区的最新投入产出表是2012年，因此我们以2012年为基期采用推断方法来确定模型中的参数。

2. 京冀地区CGE模型的建立与应用

本书依据前文分析，构建需求模型，并结合投入-产出方程求解供给模型，最终求解均衡模型。

（1）需求模型

需求模型分为消费模型、投资模型和调出（出口）部分。

①消费模型的建立。消费主体分为城镇居民、农村居民和政府，因此消费模型可分为居民消费和政府消费。

A. 居民家庭消费结构分析。

本部分运用Eviews 7.0对2012年北京市5000户城镇居民家庭平均每人全年现金消费支出和3000户农村居民家庭平均每人全年现金消费支出进行分析，同时考察河北省的截面数据，结合ELES系统可以得到北京市和河北省城镇居民和农村居民在2012年的消费结构指数，如表4-1所示：

表4-1　2012年北京市与河北省居民消费结构指数

指标	食品	衣着	居住	家庭设备及用品	交通通信	文教娱乐	医疗保健	其他
北京市城镇居民	0.31	0.11	0.08	0.07	0.07	0.16	0.15	0.05
北京市农村居民	0.33	0.08	0.19	0.07	0.09	0.12	0.10	0.03

续 表

指标	食品	衣着	居住	家庭设备及用品	交通通信	文教娱乐	医疗保健	其他
河北省城镇居民	0.34	0.12	0.12	0.07	0.08	0.14	0.10	0.03
河北省农村居民	0.34	0.07	0.21	0.07	0.10	0.11	0.07	0.03

资料来源：北京市统计局官网、河北省统计局官网。

根据绝对收入假设消费理论，消费是由收入唯一决定的，消费支出与收入有关，可构建消费函数模型。因此，基于1978—2017年北京市城镇居民人均消费支出及农村居民人均消费支出数据，以及2007—2017年河北省城镇居民人均消费支出及农村居民人均消费支出数据，并结合人均可支配收入①数据，运用Stata 15.0得到可支配收入与消费支出的一元回归方程（见表4－2、表4－3）。

表4－2　　　　北京市城镇和农村居民消费函数估计结果

指标	人均可支配收入	
	农村	城镇
农村人均消费支出	1.323*** (130.28)	
城镇人均消费支出		1.528*** (96.75)
_cons	125.112* (1.72)	−0.0012*** (−4.86)
N	40	40

注：$^{*}p<0.1$，$^{**}p<0.05$，$^{***}p<0.01$，*N*为统计年限，余同。

表4－3　　　　河北省城镇和农村居民消费函数估计结果

指标	人均可支配收入	
	农村	城镇
农村人均消费支出	1.397*** (51.16)	

① 国家统计局官网对指标的解释为居民可支配收入是指居民可用于最终消费支出和储蓄的总和，即居民可用于自由支配的收入，既包括现金收入，也包括实物收入。按照收入的来源，可支配收入包括工资性收入、经营净收入、财产净收入和转移净收入。

续 表

指标	人均可支配收入	
	农村	城镇
城镇人均消费支出		1.843*** (45.55)
_cons	511.543*** (5.83)	-3.0e+03*** (-8.55)
N	11	11

以此来预测 2022 年及 2024 年城乡居民人均消费支出①水平，回归结果如下：

$$\text{农村人均可支配收入} = \text{农村人均消费支出} \times 1.323 + 125.112 \quad (4.14)$$
$$(130.28)\ (1.72)$$

$$\text{城镇人均可支配收入} = \text{城镇人均消费支出} \times 1.528 - 0.0012 \quad (4.15)$$
$$(96.75)\ (-4.86)$$

B. 京冀地区人均消费总量的预测。

根据北京市和河北省“十三五”规划建议，2020 年地区生产总值和城乡居民人均收入比 2010 年翻一番，则年均增速为 7.18%，据此速度可以预测未来五年人均可支配收入水平，具体如表 4-4、表 4-5 所示。

表 4-4　2020—2024 年北京市和河北省人均可支配收入预测　单位：元

年份	北京市城镇人均可支配收入	北京市农村人均可支配收入	河北省城镇人均可支配收入	河北省农村人均可支配收入
2020	58146	26524	32526.8	11916
2021	62319.34	28427.72	34861.36	12771.25
2022	66792.21	30468.08	37363.48	13687.89
2023	71586.12	32654.87	40045.19	14670.32
2024	76724.11	34998.63	42919.37	15723.26

① 居民消费支出是指居民用于满足家庭日常生活消费需要的全部支出，既包括现金消费支出，也包括实物消费支出。消费支出包括食品、衣着、居住、家庭设备及用品、交通通信、文教娱乐、医疗保健以及其他八大类。

表 4－5　　2020—2024 年北京市和河北省人均消费支出预测　　单位：元

年份	北京市城镇人均消费支出	北京市农村人均消费支出	河北省城镇人均消费支出	河北省农村人均消费支出
2020	38812.28	19953.81	19275.19	8162.55
2021	41542.80	21392.75	20541.66	8774.69
2022	44469.30	22934.97	21899.04	9430.75
2023	47605.84	24587.88	23353.84	10133.91
2024	50967.50	26359.42	24913.05	10887.53

根据 2020—2024 年人均消费支出预测数据与 2012 年居民消费结构支出指数，可以得到北京市和河北省 2020—2024 年居民八大类消费分解表，如表 4－6 所示：

表 4－6　　2020—2024 年居民八大类居民消费分解　　单位：元

居民类别	年份	食品	衣着	居住	家庭设备及用品	交通通信	文教娱乐	医疗保健	其他
北京市城镇居民	2020	12148.24	4269.35	3182.61	2600.42	2678.05	6093.53	5977.09	1862.99
	2021	13002.90	4569.71	3406.51	2783.37	2866.45	6522.22	6397.59	1994.05
	2022	13918.89	4891.62	3646.48	2979.44	3068.38	6981.68	6848.27	2134.53
	2023	14900.63	5236.64	3903.68	3189.59	3284.80	7474.12	7331.30	2285.08
	2024	15952.83	5606.43	4179.34	3414.82	3516.76	8001.90	7849.00	2446.44
北京市农村居民	2020	6584.76	1596.30	3791.22	1396.77	1795.84	2394.46	1995.38	598.61
	2021	7059.61	1711.42	4064.62	1497.49	1925.35	2567.13	2139.28	641.78
	2022	7568.54	1834.80	4357.64	1605.45	2064.15	2752.20	2293.50	688.05
	2023	8114.00	1967.03	4671.70	1721.15	2212.91	2950.55	2458.79	737.64
	2024	8698.61	2108.75	5008.29	1845.16	2372.35	3163.13	2635.94	790.78

续 表

居民类别	年份	食品	衣着	居住	家庭设备及用品	交通通信	文教娱乐	医疗保健	其他
河北省城镇居民	2020	6553.56	2313.02	2313.02	1349.26	1542.02	2698.53	1927.52	578.26
	2021	6984.16	2465.00	2465.00	1437.92	1643.33	2875.83	2054.17	616.25
	2022	7445.67	2627.88	2627.88	1532.93	1751.92	3065.87	2189.90	656.97
	2023	7940.31	2802.46	2802.46	1634.77	1868.31	3269.54	2335.38	700.62
	2024	8470.44	2989.57	2989.57	1743.91	1993.04	3487.83	2491.31	747.39
河北省农村居民	2020	2775.27	571.38	1714.14	571.38	816.26	897.88	571.38	244.88
	2021	2983.39	614.23	1842.68	614.23	877.47	965.22	614.23	263.24
	2022	3206.46	660.15	1980.46	660.15	943.08	1037.38	660.15	282.92
	2023	3445.53	709.37	2128.12	709.37	1013.39	1114.73	709.37	304.02
	2024	3701.76	762.13	2286.38	762.13	1088.75	1197.63	762.13	326.63

再根据2012年北京市和河北省住户消费调查年报（人均），将2022年和2024年北京市和河北省城镇、农村居民消费数据转换到42个产业部门，具体数据如表4－7、表4－8、表4－9、表4－10所示。

表4－7　　北京市2022年和2024年城镇居民消费量42个产业部门分解

编号	部门	构成	2022年人均消费量（元）	2024年人均消费量（元）
一、食品		1.000		
1	农林牧渔产品和服务	0.172	2394.509	2744.413
6	食品和烟草	0.406	5643.917	6468.651
29	批发和零售	0.197	2740.032	3140.427
31	住宿和餐饮	0.226	3140.433	3599.338
二、衣着		1.000		
7	纺织品	0.093	455.650	522.233
8	纺织服装鞋帽皮革羽绒及其制品	0.907	4435.973	5084.192
三、居住		1.000		
23	废品废料	0.000	0.000	0.000
25	电力、热力的生产和供应	0.146	533.966	611.993

续 表

编号	部门	构成	2022 年人均消费量（元）	2024 年人均消费量（元）
26	燃气生产和供应	0. 051	187. 504	214. 903
27	水的生产和供应	0. 020	73. 207	83. 905
28	建筑	0. 156	569. 656	652. 899
34	房地产	0. 543	2016. 168	2310. 786
37	水利、环境和公共设施管理	0. 072	265. 982	304. 850
38	居民服务、修理和其他服务	0. 017	636. 802	729. 856
四、家庭设备及用品		1. 000		
9	木材加工品和家具	0. 105	265. 500	304. 297
11	石油、炼焦产品和核燃料加工品	0. 441	1083. 954	1242. 354
12	化学产品	0. 389	948. 327	1086. 904
16	通用设备	0. 041	101. 773	116. 644
17	专用设备	0. 024	59. 576	68. 282
五、交通通信		1. 000		
2	煤炭采选产品	0. 006	18. 500	21. 203
3	石油和天然气开采产品	0. 000	0. 000	0. 000
4	金属矿采选产品	0. 000	0. 000	0. 000
5	非金属矿和其他矿采选产品	0. 000	0. 000	0. 000
13	非金属矿物制品	0. 009	27. 884	31. 959
14	金属冶炼和压延加工品	0. 000	0. 000	0. 000
15	金属制品	0. 037	113. 894	130. 533
18	交通运输设备	0. 311	954. 310	1093. 762
20	通信设备、计算机和其他电子设备	0. 178	546. 411	626. 258
30	交通运输、仓储和邮政	0. 217	666. 764	764. 197
32	信息传输、软件和信息技术服务	0. 241	740. 622	848. 847
六、文教娱乐		1. 000		
10	造纸印刷和文教体育用品	0. 283	2058. 340	2359. 121
39	教育	0. 570	4508. 324	5167. 115
41	文化、体育和娱乐	0. 148	415. 017	475. 662

续 表

编号	部门	构成	2022 年人均消费量（元）	2024 年人均消费量（元）
七、医疗保健		1.000		
40	卫生和社会工作	0.969	6637.359	7607.261
42	公共管理、社会保障和社会组织	0.031	210.913	241.734
八、其他		1.000		
19	电气机械和器材	0.071	152.435	174.71
21	仪器仪表	0.008	16.837	19.297
22	其他制造产品	0.009	18.468	21.166
24	金属制品、机械和设备修理服务	0.000	0.000	0.000
33	金融	0.697	1486.624	1703.861
35	租赁和商务服务	0.206	440.019	504.318
36	科学研究和技术服务	0.009	20.145	23.089

表 4－8　北京市 2022 年和 2024 年农村居民消费量 42 个产业部门分解

编号	部门	构成	2022 年人均消费量（元）	2024 年人均消费量（元）
一、食品		1.000		
1	农林牧渔产品和服务	0.110	828.948	952.719
6	食品和烟草	0.564	4267.097	4904.223
29	批发和零售	0.187	1412.280	1623.149
31	住宿和餐饮	0.140	1060.215	1218.518
二、衣着		1.000		
7	纺织品	0.097	177.159	203.610
8	纺织服装鞋帽皮革羽绒及其制品	0.903	1657.639	1905.143
三、居住		1.000		
23	废品废料	0.000	0.000	0.000
25	电力、热力的生产和供应	0.091	441.223	507.102
26	燃气生产和供应	0.055	265.868	305.565
27	水的生产和供应	0.009	41.466	47.658
28	建筑	0.049	237.504	272.966

续 表

编号	部门	构成	2022 年人均消费量（元）	2024 年人均消费量（元）
34	房地产	0. 632	3081. 999	3542. 176
37	水利、环境和公共设施管理	0. 059	289. 584	332. 822
38	居民服务、修理和其他服务	0. 106	516. 483	593. 600
四、家庭设备及用品		1. 000		
9	木材加工品和家具	0. 098	138. 478	159. 154
11	石油、炼焦产品和核燃料加工品	0. 329	464. 932	534. 352
12	化学产品	0. 555	784. 872	902. 063
16	通用设备	0. 009	13. 422	15. 426
17	专用设备	0. 010	13. 461	15. 471
五、交通通信		1. 000		
2	煤炭采选产品	0. 246	508. 723	584. 681
3	石油和天然气开采产品	0. 000	0. 000	0. 000
4	金属矿采选产品	0. 000	0. 000	0. 000
5	非金属矿和其他矿采选产品	0. 000	0. 000	0. 000
13	非金属矿物制品	0. 024	48. 743	56. 021
14	金属冶炼和压延加工品	0. 000	0. 000	0. 000
15	金属制品	0. 011	23. 012	26. 448
18	交通运输设备	0. 224	462. 621	531. 695
20	通信设备、计算机和其他电子设备	0. 165	340. 012	390. 780
30	交通运输、仓储和邮政	0. 155	319. 685	367. 417
32	信息传输、软件和信息技术服务	0. 175	361. 351	415. 305
六、文教娱乐		1. 000		
10	造纸印刷和文教体育用品	0. 282	776. 285	892. 193
39	教育	0. 570	1567. 827	1801. 922
41	文化、体育和娱乐	0. 148	408. 084	469. 016
七、医疗保健		1. 000		
40	卫生和社会工作	1. 000	2293. 497	2635. 942
42	公共管理、社会保障和社会组织	0. 000	0. 000	0. 000

续 表

编号	部门	构成	2022 年人均消费量（元）	2024 年人均消费量（元）
八、其他		1.000		
19	电气机械和器材	0.202	139.244	160.035
21	仪器仪表	0.003	1.912	2.198
22	其他制造产品	0.000	0.000	0.000
24	金属制品、机械和设备修理服务	0.000	0.000	0.000
33	金融	0.675	464.611	533.983
35	租赁和商务服务	0.110	75.518	86.794
36	科学研究和技术服务	0.010	6.763	7.773

表 4－9　河北省 2022 年和 2024 年城镇居民消费量 42 个产业部门分解

编号	部门	构成	2022 年人均消费量（元）	2024 年人均消费量（元）
一、食品		1.000		
1	农林牧渔产品和服务	0.414	3082.087	3506.281
6	食品和烟草	0.341	2541.711	2891.532
29	批发和零售	0.088	651.739	741.439
31	住宿和餐饮	0.157	1170.137	1331.185
二、衣着		1.000		
7	纺织品	0.097	256.193	291.453
8	纺织服装鞋帽皮革羽绒及其制品	0.903	2371.692	2698.113
三、居住		1.000		
23	废品废料	0.000	0.000	0.000
25	电力、热力的生产和供应	0.192	693.297	788.717
26	燃气生产和供应	0.013	46.142	52.493
27	水的生产和供应	0.020	71.587	81.439
28	建筑	0.074	266.871	303.601
34	房地产	0.419	1512.140	1720.259
37	水利、环境和公共设施管理	0.010	37.848	43.057
38	居民服务、修理和其他服务	0.271	979.186	1113.953

续 表

编号	部门	构成	2022年人均消费量（元）	2024年人均消费量（元）
四、家庭设备及用品		1.000		
9	木材加工品和家具	0.128	122.658	139.539
11	石油、炼焦产品和核燃料加工品	0.313	301.206	342.662
12	化学产品	0.531	510.842	581.150
16	通用设备	0.027	25.657	29.188
17	专用设备	0.001	1.378	1.568
五、交通通信		1.000		
2	煤炭采选产品	0.016	27.094	30.822
3	石油和天然气开采产品	0.000	0.000	0.000
4	金属矿采选产品	0.000	0.000	0.000
5	非金属矿和其他矿采选产品	0.000	0.000	0.000
13	非金属矿物制品	0.021	37.532	42.698
14	金属冶炼和压延加工品	0.000	0.000	0.000
15	金属制品	0.085	149.664	170.263
18	交通运输设备	0.265	463.569	527.371
20	通信设备、计算机和其他电子设备	0.157	275.245	313.127
30	交通运输、仓储和邮政	0.216	377.764	429.756
32	信息传输、软件和信息技术服务	0.240	421.056	479.007
六、文教娱乐		1.000		
10	造纸印刷和文教体育用品	0.478	1466.549	1668.393
39	教育	0.281	861.318	979.863
41	文化、体育和娱乐	0.241	737.999	839.571
七、医疗保健		1.000		
40	卫生和社会工作	0.949	2077.856	2363.836
42	公共管理、社会保障和社会组织	0.051	112.048	127.469
八、其他		1.000		
19	电气机械和器材	0.269	176.642	200.954
21	仪器仪表	0.007	4.154	4.726
22	其他制造产品	0.033	21.755	24.749
24	金属制品、机械和设备修理服务	0.000	0.000	0.000
33	金融	0.675	443.666	504.729
35	租赁和商务服务	0.016	10.753	12.233
36	科学研究和技术服务	0.000	0.000	0.000

表4-10　河北省2022年和2024年农村居民消费量42个产业部门分解

编号	部门	构成	2022年人均消费量（元）	2024年人均消费量（元）
一、食品		1.000		
1	农林牧渔产品和服务	0.439	1409.116	1626.783
6	食品和烟草	0.302	966.432	1115.717
29	批发和零售	0.141	452.687	522.614
31	住宿和餐饮	0.118	378.222	436.646
二、衣着		1.000		
7	纺织品	0.170	112.377	129.736
8	纺织服装鞋帽皮革羽绒及其制品	0.830	547.776	632.391
三、居住		1.000		
23	废品废料	0.000	0.000	0.000
25	电力、热力的生产和供应	0.082	199.040	229.786
26	燃气生产和供应	0.027	64.473	74.432
27	水的生产和供应	0.003	6.876	7.938
28	建筑	0.000	0.000	0.000
34	房地产	0.708	1710.070	1974.226
37	水利、环境和公共设施管理	0.000	0.000	0.000
38	居民服务、修理和其他服务	0.180	435.970	503.315
四、家庭设备及用品		1.000		
9	木材加工品和家具	0.230	118.252	136.519
11	石油、炼焦产品和核燃料加工品	0.222	114.519	132.209
12	化学产品	0.524	269.764	311.434
16	通用设备	0.023	11.980	13.830
17	专用设备	0.001	0.315	0.363
五、交通通信		1.000		
2	煤炭采选产品	0.061	57.677	66.586
3	石油和天然气开采产品	0.000	0.000	0.000
4	金属矿采选产品	0.000	0.000	0.000
5	非金属矿和其他矿采选产品	0.000	0.000	0.000

续 表

编号	部门	构成	2022 年人均消费量（元）	2024 年人均消费量（元）
13	非金属矿物制品	0.123	116.413	134.395
14	金属冶炼和压延加工品	0.000	0.000	0.000
15	金属制品	0.157	148.171	171.059
18	交通运输设备	0.264	248.851	287.291
20	通信设备、计算机和其他电子设备	0.140	132.413	152.867
30	交通运输、仓储和邮政	0.121	113.267	130.764
32	信息传输、软件和信息技术服务	0.134	126.284	145.791
六、文教娱乐		1.000		
10	造纸印刷和文教体育用品	0.220	227.401	262.528
39	教育	0.582	604.138	697.460
41	文化、体育和娱乐	0.198	205.843	237.640
七、医疗保健		1.000		
40	卫生和社会工作	1.000	660.153	762.127
42	公共管理、社会保障和社会组织	0.000	0.000	0.000
八、其他		1.000		
19	电气机械和器材	0.397	112.209	129.542
21	仪器仪表	0.002	0.615	0.710
22	其他制造产品	0.042	11.956	13.803
24	金属制品、机械和设备修理服务	0.001	0.249	0.287
33	金融	0.512	144.799	167.166
35	租赁和商务服务	0.046	13.095	15.118
36	科学研究和技术服务	0.000	0.000	0.000

从上面的数据可以看出北京市和河北省 2022 年到 2024 年城镇和农村居民的总消费量是呈现上升趋势的。从北京市的相关数据来看，城镇居民和农村居民在食品和烟草的消费是食品行业中占比最高的，但农村居民的食品和烟草占比比城镇居民高；在衣着行业的消费中纺织服装鞋帽皮革羽绒及其制品占比最高；房地产行业在居住消费中占比最高；在家庭设备及用品行业中，城镇居民在石油、炼焦产品和核燃料加工品中消费最高，农村居民在化学产

品中消费最高；教育消费在文教娱乐中占比最高；卫生和社会工作在医疗保健中占比最高；金融在其他消费中占比最高。

对河北省而言，城镇居民和农村居民在农林牧渔产品和服务的消费是食品行业中占比最高的，但农村居民的农林牧渔产品和服务占比比城镇居民高；在衣着行业的消费中纺织服装鞋帽皮革羽绒及其制品占比最高；房地产行业在居住消费中占比最高；化学产品在家庭设备及用品行业中占比最高；在文教娱乐行业中，城镇居民在造纸印刷和文教体育用品中消费最高，农村居民教育消费的占比最高；卫生和社会工作在医疗保健中占比最高；金融在其他消费中占比最高。

《北京市国民经济和社会发展第十三个五年规划纲要》显示将全市常住人口总量控制在2300万人以内，因此以2300万人作为北京市常住人口的上限。根据河北省“十三五”规划对河北省“十二五”规划的评估结果，可以看出，2010—2015年河北省总人口年均增速为6.35‰，而河北省2018年年末常住人口为7556万人，以此增速预测河北省2022年人口为7749.758万人，2024年人口为7848.493万人。据此可计算北京市和河北省消费者的总需求。

C. 政府消费结构。

政府财政支出与财政收入有关，财政收入依赖于生产总值。根据北京市和河北省“十三五”规划，可以看出，公共预算支出增速要高于人均生产总值增速。本文以北京市和河北省1978—2018年一般预算支出来构建自回归模型（见表4－11），估算2020—2024年北京市和河北省财政支出。

$$\text{北京市预算支出} = \text{上一期北京市预算支出} \times \underset{(98.74)}{1.126} + \underset{(1.22)}{31.679} \tag{4.16}$$

$$\text{河北省预算支出} = \text{上一期河北省预算支出} \times \underset{(95.50)}{1.115} + \underset{(1.50)}{39.919} \tag{4.17}$$

表4－11　地方一般预算支出自回归模型

指标	(1) 北京	(2) 河北
L. 北京	1.126*** (98.74)	

续 表

指标	(1) 北京	(2) 河北
L. 河北		1.115*** (95.50)
_cons	31.679 (1.22)	39.919 (1.50)
N	40	40

由此可以预测2020—2024年北京市和河北省的政府消费额，如表4－12所示。

表4－12　　2020—2024年地方预算支出　　单位：亿元

年份	北京市预算支出	河北省预算支出
2020	9788.24	9283.81
2021	11021.56	10351.45
2022	12410.28	11541.86
2023	13973.97	12869.18
2024	15734.70	14349.13

按照2012年政府对42个产业部门的消费结构对2020—2024年的政府预期消费额进行分配，可以得到42个产业部门的政府消费额，如表4－13、表4－14所示。

表4－13　　北京市2020—2024年政府预算消费支出　　单位：亿元

部门	编码	2020年	2021年	2022年	2023年	2024年
农林牧渔产品和服务	1	13.07	14.72	16.57	18.66	21.01
煤炭采选产品	2	0.00	0.00	0.00	0.00	0.00
石油和天然气开采产品	3	0.00	0.00	0.00	0.00	0.00
金属矿采选产品	4	0.00	0.00	0.00	0.00	0.00
非金属矿和其他矿采选产品	5	0.00	0.00	0.00	0.00	0.00
食品和烟草	6	0.00	0.00	0.00	0.00	0.00

续 表

部门	编码	2020 年	2021 年	2022 年	2023 年	2024 年
纺织品	7	0. 00	0. 00	0. 00	0. 00	0. 00
纺织服装鞋帽皮革羽绒及其制品	8	0. 00	0. 00	0. 00	0. 00	0. 00
木材加工品和家具	9	0. 00	0. 00	0. 00	0. 00	0. 00
造纸印刷和文教体育用品	10	0. 00	0. 00	0. 00	0. 00	0. 00
石油、炼焦产品和核燃料加工品	11	0. 00	0. 00	0. 00	0. 00	0. 00
化学产品	12	0. 00	0. 00	0. 00	0. 00	0. 00
非金属矿物制品	13	0. 00	0. 00	0. 00	0. 00	0. 00
金属冶炼和压延加工品	14	0. 00	0. 00	0. 00	0. 00	0. 00
金属制品	15	0. 00	0. 00	0. 00	0. 00	0. 00
通用设备	16	0. 00	0. 00	0. 00	0. 00	0. 00
专用设备	17	0. 00	0. 00	0. 00	0. 00	0. 00
交通运输设备	18	0. 00	0. 00	0. 00	0. 00	0. 00
电气机械和器材	19	0. 00	0. 00	0. 00	0. 00	0. 00
通信设备、计算机和其他电子设备	20	0. 00	0. 00	0. 00	0. 00	0. 00
仪器仪表	21	0. 00	0. 00	0. 00	0. 00	0. 00
其他制造产品	22	0. 00	0. 00	0. 00	0. 00	0. 00
废品废料	23	0. 00	0. 00	0. 00	0. 00	0. 00
金属制品、机械和设备修理服务	24	0. 00	0. 00	0. 00	0. 00	0. 00
电力、热力的生产和供应	25	0. 00	0. 00	0. 00	0. 00	0. 00
燃气生产和供应	26	0. 00	0. 00	0. 00	0. 00	0. 00
水的生产和供应	27	0. 00	0. 00	0. 00	0. 00	0. 00
建筑	28	0. 00	0. 00	0. 00	0. 00	0. 00
批发和零售	29	0. 41	0. 47	0. 53	0. 59	0. 67
交通运输、仓储和邮政	30	124. 60	140. 30	157. 98	177. 89	200. 30
住宿和餐饮	31	0. 00	0. 00	0. 00	0. 00	0. 00
信息传输、软件和信息技术服务	32	0. 00	0. 00	0. 00	0. 00	0. 00
金融	33	55. 07	62. 01	69. 82	78. 62	88. 52
房地产	34	16. 42	18. 49	20. 82	23. 44	26. 40
租赁和商务服务	35	0. 66	0. 75	0. 84	0. 95	1. 07

续 表

部门	编码	2020 年	2021 年	2022 年	2023 年	2024 年
科学研究和技术服务	36	1507.77	1697.75	1911.66	2152.53	2423.75
水利、环境和公共设施管理	37	353.06	397.55	447.64	504.04	567.55
居民服务、修理和其他服务	38	4.25	4.78	5.38	6.06	6.82
教育	39	1659.24	1868.30	2103.71	2368.77	2667.24
卫生和社会工作	40	1974.10	2222.84	2502.91	2818.28	3173.38
文化、体育和娱乐	41	876.45	986.89	1111.23	1251.25	1408.91
公共管理、社会保障和社会组织	42	3203.14	3606.73	4061.18	4572.89	5149.08

表 4－14　　河北省 2020—2024 年政府预算消费支出　　单位：亿元

部门	编码	2020 年	2021 年	2022 年	2023 年	2024 年
农林牧渔产品和服务	1	167.24	186.47	207.92	231.83	258.49
煤炭采选产品	2	0.00	0.00	0.00	0.00	0.00
石油和天然气开采产品	3	0.00	0.00	0.00	0.00	0.00
金属矿采选产品	4	0.00	0.00	0.00	0.00	0.00
非金属矿和其他矿采选产品	5	0.00	0.00	0.00	0.00	0.00
食品和烟草	6	0.00	0.00	0.00	0.00	0.00
纺织品	7	0.00	0.00	0.00	0.00	0.00
纺织服装鞋帽皮革羽绒及其制品	8	0.00	0.00	0.00	0.00	0.00
木材加工品和家具	9	0.00	0.00	0.00	0.00	0.00
造纸印刷和文教体育用品	10	0.00	0.00	0.00	0.00	0.00
石油、炼焦产品和核燃料加工品	11	0.00	0.00	0.00	0.00	0.00
化学产品	12	0.00	0.00	0.00	0.00	0.00
非金属矿物制品	13	0.00	0.00	0.00	0.00	0.00
金属冶炼和压延加工品	14	0.00	0.00	0.00	0.00	0.00
金属制品	15	0.00	0.00	0.00	0.00	0.00
通用设备	16	0.00	0.00	0.00	0.00	0.00
专用设备	17	0.00	0.00	0.00	0.00	0.00
交通运输设备	18	0.00	0.00	0.00	0.00	0.00
电气机械和器材	19	0.00	0.00	0.00	0.00	0.00

续 表

部门	编码	2020 年	2021 年	2022 年	2023 年	2024 年
通信设备、计算机和其他电子设备	20	0.00	0.00	0.00	0.00	0.00
仪器仪表	21	0.00	0.00	0.00	0.00	0.00
其他制造产品	22	0.00	0.00	0.00	0.00	0.00
废品废料	23	0.00	0.00	0.00	0.00	0.00
金属制品、机械和设备修理服务	24	0.00	0.00	0.00	0.00	0.00
电力、热力的生产和供应	25	0.00	0.00	0.00	0.00	0.00
燃气生产和供应	26	0.00	0.00	0.00	0.00	0.00
水的生产和供应	27	36.75	40.97	45.68	50.94	56.80
建筑	28	0.00	0.00	0.00	0.00	0.00
批发和零售	29	0.00	0.00	0.00	0.00	0.00
交通运输、仓储和邮政	30	1949.51	2173.70	2423.67	2702.40	3013.17
住宿和餐饮	31	0.00	0.00	0.00	0.00	0.00
信息传输、软件和信息技术服务	32	0.00	0.00	0.00	0.00	0.00
金融	33	1104.52	1231.54	1373.17	1531.08	1707.16
房地产	34	0.00	0.00	0.00	0.00	0.00
租赁和商务服务	35	69.13	77.07	85.94	95.82	106.84
科学研究和技术服务	36	775.53	864.72	964.16	1075.04	1198.66
水利、环境和公共设施管理	37	674.93	752.54	839.09	935.58	1043.17
居民服务、修理和其他服务	38	0.00	0.00	0.00	0.00	0.00
教育	39	1384.63	1543.86	1721.40	1919.36	2140.09
卫生和社会工作	40	111.29	124.08	138.35	154.27	172.01
文化、体育和娱乐	41	200.74	223.83	249.57	278.27	310.27
公共管理、社会保障和社会组织	42	2809.56	3132.65	3492.91	3894.59	4342.47

②固定资本形成。本书以北京市和河北省1978—2017年固定资本投资额来构建自回归模型（见表4-15），估算2020—2024年北京市和河北省固定资本形成。

北京市固定资本投资额 = 上一期北京市固定资本投资额 ×1.066 + 75.918

（87.51）（1.93）

（4.18）

河北省固定资本投资额 = 上一期河北省固定资本投资额 ×1.105 +258.02

(86.36) (1.90)

(4.19)

表 4 –15　　1978—2018 年固定资本投资额自回归模型估计

指标	(1) 北京	(2) 河北
L. 北京	1.066 *** (87.51)	
L. 河北		1.105 *** (86.36)
_cons	75.918 * (1.93)	258.030 * (1.90)
N	39	39

按照 2012 年各行业固定资本形成额的比例结构，将 2020—2024 年的数值进行分配，可以得到北京市与河北省的各行业预期额，如表 4 –16、表 4 –17 所示。

表 4 –16　　北京市 2020—2024 年固定资产投资额　　单位：亿元

部门	2020 年	2021 年	2022 年	2023 年	2024 年
农林牧渔产品和服务	5.11	5.48	5.88	6.31	6.76
煤炭采选产品	0.00	0.00	0.00	0.00	0.00
石油和天然气开采产品	0.00	0.00	0.00	0.00	0.00
金属矿采选产品	0.00	0.00	0.00	0.00	0.00
非金属矿和其他矿采选产品	0.00	0.00	0.00	0.00	0.00
食品和烟草	0.00	0.00	0.00	0.00	0.00
纺织品	0.00	0.00	0.00	0.00	0.00
纺织服装鞋帽皮革羽绒及其制品	0.00	0.00	0.00	0.00	0.00
木材加工品和家具	16.12	17.30	18.56	19.91	21.34
造纸印刷和文教体育用品	0.00	0.00	0.00	0.00	0.00
石油、炼焦产品和核燃料加工品	0.00	0.00	0.00	0.00	0.00
化学产品	0.00	0.00	0.00	0.00	0.00

续 表

部门	2020 年	2021 年	2022 年	2023 年	2024 年
非金属矿物制品	0. 00	0. 00	0. 00	0. 00	0. 00
金属冶炼和压延加工品	0. 00	0. 00	0. 00	0. 00	0. 00
金属制品	44. 17	47. 40	50. 86	54. 53	58. 46
通用设备	155. 63	167. 04	179. 20	192. 17	205. 99
专用设备	41. 90	44. 97	48. 24	51. 73	55. 45
交通运输设备	455. 97	489. 40	525. 03	563. 02	603. 51
电气机械和器材	169. 39	181. 80	195. 04	209. 15	224. 20
通信设备、计算机和其他电子设备	132. 20	141. 89	152. 22	163. 24	174. 98
仪器仪表	22. 20	23. 82	25. 56	27. 41	29. 38
其他制造产品	0. 00	0. 00	0. 00	0. 00	0. 00
废品废料	0. 00	0. 00	0. 00	0. 00	0. 00
金属制品、机械和设备修理服务	0. 00	0. 00	0. 00	0. 00	0. 00
电力、热力的生产和供应	0. 00	0. 00	0. 00	0. 00	0. 00
燃气生产和供应	0. 00	0. 00	0. 00	0. 00	0. 00
水的生产和供应	0. 00	0. 00	0. 00	0. 00	0. 00
建筑	5473. 68	5874. 97	6302. 74	6758. 74	7244. 84
批发和零售	185. 82	199. 44	213. 96	229. 44	245. 94
交通运输、仓储和邮政	16. 14	17. 33	18. 59	19. 93	21. 37
住宿和餐饮	0. 00	0. 00	0. 00	0. 00	0. 00
信息传输、软件和信息技术服务	1961. 12	2104. 89	2258. 16	2421. 53	2595. 70
金融	0. 00	0. 00	0. 00	0. 00	0. 00
房地产	1696. 58	1820. 96	1953. 55	2094. 88	2245. 55
租赁和商务服务	0. 00	0. 00	0. 00	0. 00	0. 00
科学研究和技术服务	6. 69	7. 18	7. 70	8. 26	8. 85
水利、环境和公共设施管理	0. 00	0. 00	0. 00	0. 00	0. 00
居民服务、修理和其他服务	0. 00	0. 00	0. 00	0. 00	0. 00
教育	0. 00	0. 00	0. 00	0. 00	0. 00
卫生和社会工作	0. 00	0. 00	0. 00	0. 00	0. 00
文化、体育和娱乐	0. 00	0. 00	0. 00	0. 00	0. 00
公共管理、社会保障和社会组织	0. 00	0. 00	0. 00	0. 00	0. 00

表 4－17　　河北省 2020—2024 年固定资产投资额　　单位：亿元

部门	2020 年	2021 年	2022 年	2023 年	2024 年
农林牧渔产品和服务	1180. 13	1310. 68	1454. 93	1614. 33	1790. 46
煤炭采选产品	0. 00	0. 00	0. 00	0. 00	0. 00
石油和天然气开采产品	0. 00	0. 00	0. 00	0. 00	0. 00
金属矿采选产品	0. 00	0. 00	0. 00	0. 00	0. 00
非金属矿和其他矿采选产品	0. 00	0. 00	0. 00	0. 00	0. 00
食品和烟草	0. 00	0. 00	0. 00	0. 00	0. 00
纺织品	0. 00	0. 00	0. 00	0. 00	0. 00
纺织服装鞋帽皮革羽绒及其制品	0. 00	0. 00	0. 00	0. 00	0. 00
木材加工品和家具	187. 33	208. 05	230. 95	256. 25	284. 21
造纸印刷和文教体育用品	0. 00	0. 00	0. 00	0. 00	0. 00
石油、炼焦产品和核燃料加工品	0. 00	0. 00	0. 00	0. 00	0. 00
化学产品	0. 00	0. 00	0. 00	0. 00	0. 00
非金属矿物制品	0. 00	0. 00	0. 00	0. 00	0. 00
金属冶炼和压延加工品	0. 00	0. 00	0. 00	0. 00	0. 00
金属制品	504. 06	559. 81	621. 43	689. 51	764. 74
通用设备	2861. 99	3178. 58	3528. 41	3914. 97	4342. 12
专用设备	2097. 64	2329. 68	2586. 08	2869. 40	3182. 47
交通运输设备	1726. 50	1917. 48	2128. 51	2361. 71	2619. 38
电气机械和器材	830. 39	922. 25	1023. 75	1135. 91	1259. 84
通信设备、计算机和其他电子设备	425. 29	472. 33	524. 32	581. 76	645. 23
仪器仪表	86. 07	95. 59	106. 12	117. 74	130. 59
其他制造产品	0. 00	0. 00	0. 00	0. 00	0. 00
废品废料	0. 00	0. 00	0. 00	0. 00	0. 00
金属制品、机械和设备修理服务	0. 00	0. 00	0. 00	0. 00	0. 00
电力、热力的生产和供应	0. 00	0. 00	0. 00	0. 00	0. 00
燃气生产和供应	0. 00	0. 00	0. 00	0. 00	0. 00
水的生产和供应	0. 00	0. 00	0. 00	0. 00	0. 00
建筑	34069. 85	37838. 58	42003. 02	46604. 74	51689. 63
批发和零售	887. 47	985. 64	1094. 12	1213. 99	1346. 44
交通运输、仓储和邮政	116. 15	129. 00	143. 20	158. 88	176. 22

续 表

部门	2020 年	2021 年	2022 年	2023 年	2024 年
住宿和餐饮	0.00	0.00	0.00	0.00	0.00
信息传输、软件和信息技术服务	82.87	92.04	102.17	113.36	125.73
金融	0.00	0.00	0.00	0.00	0.00
房地产	708.88	787.30	873.95	969.69	1075.49
租赁和商务服务	0.00	0.00	0.00	0.00	0.00
科学研究和技术服务	167.13	185.61	206.04	228.62	253.56
水利、环境和公共设施管理	0.00	0.00	0.00	0.00	0.00
居民服务、修理和其他服务	0.00	0.00	0.00	0.00	0.00
教育	0.00	0.00	0.00	0.00	0.00
卫生和社会工作	0.00	0.00	0.00	0.00	0.00
文化、体育和娱乐	0.00	0.00	0.00	0.00	0.00
公共管理、社会保障和社会组织	0.00	0.00	0.00	0.00	0.00

③调出（出口）。由于调出（出口）数据难以准确预测，本书使用2012年的调出（出口）数据作为2022年和2024年的调出（出口）额，具体数据如表4－18所示。

表4－18　北京市和河北省2022年和2024年调出（出口）额　单位：万元

部门	编码	北京市调出（出口）额	河北省调出（出口）额
农林牧渔产品和服务	1	9070177.35	17088981.00
煤炭采选产品	2	32542656.91	235164.00
石油和天然气开采产品	3	102269519.45	2701.00
金属矿采选产品	4	14530782.32	6014398.00
非金属矿和其他矿采选产品	5	4226283.43	32065.00
食品和烟草	6	19732316.55	16242268.00
纺织品	7	3719689.22	11346782.00
纺织服装鞋帽皮革羽绒及其制品	8	5143935.97	8495182.00
木材加工品和家具	9	1558643.89	1039177.00
造纸印刷和文教体育用品	10	23461513.17	844733.00
石油、炼焦产品和核燃料加工品	11	46302516.11	6472003.00
化学产品	12	46392056.73	10266767.00

续 表

部门	编码	北京市调出（出口）额	河北省调出（出口）额
非金属矿物制品	13	4074490. 33	5363897. 00
金属冶炼和压延加工品	14	82959517. 44	48254038. 00
金属制品	15	3170055. 18	4036137. 00
通用设备	16	12710947. 37	4617910. 00
专用设备	17	9531795. 49	3553882. 00
交通运输设备	18	55740615. 83	8396541. 00
电气机械和器材	19	11846191. 27	3979200. 00
通信设备、计算机和其他电子设备	20	38764543. 27	1275935. 00
仪器仪表	21	2407912. 87	145970. 00
其他制造产品	22	5234203. 50	68083. 00
废品废料	23	135203. 41	19087. 00
金属制品、机械和设备修理服务	24	72519. 68	478463. 00
电力、热力的生产和供应	25	22330689. 40	88583. 00
燃气生产和供应	26	6857. 25	137136. 00
水的生产和供应	27	1956. 53	15365. 00
建筑	28	17105. 93	73676. 00
批发和零售	29	49730498. 55	11551722. 00
交通运输、仓储和邮政	30	33303785. 62	17517885. 00
住宿和餐饮	31	8189081. 33	967342. 00
信息传输、软件和信息技术服务	32	10132179. 20	2905373. 00
金融	33	13162541. 07	221040. 00
房地产	34	0. 00	7495. 00
租赁和商务服务	35	5962758. 01	128067. 00
科学研究和技术服务	36	31106855. 64	516687. 00
水利、环境和公共设施管理	37	871030. 99	1960. 00
居民服务、修理和其他服务	38	0. 00	630235. 00
教育	39	1856400. 54	94944. 00
卫生和社会工作	40	147359. 91	15640. 00
文化、体育和娱乐	41	5156118. 14	48852. 00
公共管理、社会保障和社会组织	42	506081. 33	774227. 00

④最终需求额。综合上述消费者需求、政府需求、固定投资额以及调出和出口数据可知，北京市2022年和2024年的最终需求额分别为32194.336亿元和78072.001亿元，如表4－19所示。河北省2022年和2024年的最终需求额分别为80579.492亿元和37215.155亿元，具体数据如表4－20所示。

表4－19　　北京市2022年和2024年最终需求构成　　单位：亿元

编号	部门	2022年需求	2024年需求
1	农林牧渔产品和服务	393.148	966.810
2	煤炭采选产品	60.631	3263.312
3	石油和天然气开采产品	0.000	10226.952
4	金属矿采选产品	0.000	1453.078
5	非金属矿和其他矿采选产品	0.000	422.628
6	食品和烟草	1139.767	2141.345
7	纺织品	72.773	382.668
8	纺织服装鞋帽皮革羽绒及其制品	700.765	617.402
9	木材加工品和家具	65.017	165.484
10	造纸印刷和文教体育用品	325.982	2394.071
11	石油、炼焦产品和核燃料加工品	178.122	4656.450
12	化学产品	199.318	4668.619
13	非金属矿物制品	8.812	408.755
14	金属冶炼和压延加工品	0.000	8295.952
15	金属制品	66.604	326.915
16	通用设备	192.447	1299.825
17	专用设备	56.639	961.622
18	交通运输设备	687.977	5676.522
19	电气机械和器材	228.583	1218.732
20	通信设备、计算机和其他电子设备	254.159	3914.235
21	仪器仪表	27.716	244.927
22	其他制造产品	2.124	523.731
23	废品废料	0.000	13.520

续 表

编号	部门	2022 年需求	2024 年需求
24	金属制品、机械和设备修理服务	0.000	7.252
25	电力、热力的生产和供应	112.147	2249.618
26	燃气生产和供应	52.138	8.402
27	水的生产和供应	13.187	2.138
28	建筑	6395.563	957.462
29	批发和零售	692.006	5075.465
30	交通运输、仓储和邮政	290.012	3392.173
31	住宿和餐饮	483.075	889.887
32	信息传输、软件和信息技术服务	2384.887	1369.409
33	金融	294.212	1367.914
34	房地产	2560.659	384.381
35	租赁和商务服务	60.127	605.197
36	科学研究和技术服务	1922.454	3624.380
37	水利、环境和公共设施管理	511.530	216.455
38	居民服务、修理和其他服务	138.008	21.010
39	教育	2802.467	851.852
40	卫生和社会工作	3529.958	836.126
41	文化、体育和娱乐	1205.887	827.273
42	公共管理、社会保障和社会组织	4085.435	1142.052
合计		32194.336	78072.001

表 4-20　　河北省 2022 年和 2024 年最终需求构成　　单位：亿元

编号	部门	2022 年需求	2024 年需求
1	农林牧渔产品和服务	3403.137	2369.052
2	煤炭采选产品	32.848	28.894
3	石油和天然气开采产品	0.000	0.270
4	金属矿采选产品	0.000	601.440
5	非金属矿和其他矿采选产品	0.000	3.207
6	食品和烟草	1359.363	1837.407

续　表

编号	部门	2022 年需求	2024 年需求
7	纺织品	142. 816	1157. 147
8	纺织服装鞋帽皮革羽绒及其制品	1131. 259	1025. 232
9	木材加工品和家具	324. 300	172. 160
10	造纸印刷和文教体育用品	656. 385	185. 829
11	石油、炼焦产品和核燃料加工品	161. 088	672. 463
12	化学产品	302. 475	1074. 473
13	非金属矿物制品	59. 652	546. 234
14	金属冶炼和压延加工品	0. 000	4825. 404
15	金属制品	736. 837	565. 459
16	通用设备	3542. 994	1277. 798
17	专用设备	2586. 736	951. 880
18	交通运输设备	2404. 564	1374. 163
19	电气机械和器材	1135. 676	651. 779
20	通信设备、计算机和其他电子设备	682. 283	273. 408
21	仪器仪表	107. 968	39. 352
22	其他制造产品	13. 063	8. 874
23	废品废料	0. 000	1. 909
24	金属制品、机械和设备修理服务	0. 096	47. 862
25	电力、热力的生产和供应	345. 770	62. 774
26	燃气生产和供应	42. 862	20. 660
27	水的生产和供应	76. 083	17. 327
28	建筑	42106. 429	9709. 709
29	批发和零售	1522. 072	1475. 586
30	交通运输、仓储和邮政	2757. 139	2404. 002
31	住宿和餐饮	599. 970	190. 504
32	信息传输、软件和信息技术服务	314. 258	347. 196
33	金融	1601. 193	391. 739
34	房地产	2122. 517	403. 529

续 表

编号	部门	2022 年需求	2024 年需求
35	租赁和商务服务	95. 181	35. 199
36	科学研究和技术服务	1170. 200	333. 689
37	水利、环境和公共设施管理	853. 756	206. 507
38	居民服务、修理和其他服务	548. 356	149. 324
39	教育	2289. 247	518. 561
40	卫生和社会工作	1199. 295	200. 984
41	文化、体育和娱乐	615. 297	122. 582
42	公共管理、社会保障和社会组织	3536. 327	933. 587
合计		80579. 492	37215. 155

（2）供给模型

按照经济约束、资源约束和污染排放约束三项分别建立模型。其中经济约束为上文中的最终需求部分。接下来，本书具体说明资源约束和污染排放约束。

①资源约束。

$$(\boldsymbol{R})_{3\times42}\begin{pmatrix}X_1\\ \vdots\\ X_{42}\end{pmatrix}\leqslant\begin{pmatrix}s_1\\ s_2\\ s_3\end{pmatrix} \tag{4.20}$$

其中，$\boldsymbol{R}$ 矩阵为资源直接占用系数矩阵，s 为规划期的资源占用量预测值。资源约束分为能源、水资源和人力资源约束三项。

资源约束条件具体分为能源消费、水资源及各产业劳动力数量条件。北京市“十三五”规划显示单位地区生产总值能耗和水耗下降符合国家标准，即单位国内生产总值能耗和用水量在 2020 年比 2015 年分别下降 15% 和 23%，年均下降 4. 06%。河北省“十三五”规划表明单位国内生产总值用水量在 2020 年比 2015 年下降 25%，年均下降 11. 58%，单位 GDP 能源消耗降低符合国家标准，为 15%，年均下降 10. 59%。

本书根据《北京统计年鉴》（2019 年）和《河北经济年鉴》（2018 年）中的“按三次产业分就业人员数”的统计数来表征各产业劳动力数量水平。

北京市三次产业从业人数在2009—2017年年均增速为2.82%，河北省三次产业从业人数在2009—2017年年均增速为1.31%。

随着科技进步和对教育情况的重视，能源资源、水资源和人力资源的资源占用系数会出现变动，但未能在“十三五”规划中查阅到相应指标，因此本书使用2012年投入产出表中的资源占用系数，并按照能耗下降增速与劳动力增速加以调节，得到2020—2024年的能源、水资源以及人力资源的占用情况（分行业数据具体见附录B表8、表9），如表4－21所示。

表4－21　北京市和河北省资源年均变动速度（2020—2024年）

区域	单位GDP能耗占比	单位GDP水资源占比	劳动力占比
北京市	－10.59%	－4.06%	2.82%
河北省	－10.59%	－11.58%	1.31%

②污染排放约束。

$$(\boldsymbol{C})_{3\times 42}\begin{pmatrix}X_1\\ \vdots \\ X_{42}\end{pmatrix} \leqslant \begin{pmatrix}h_1\\ h_2\\ h_3\end{pmatrix} \tag{4.21}$$

其中，$\boldsymbol{C}$矩阵为污染物排放系数矩阵，h为规划期污染物排放量预测值。本书中的污染物涉及工业废水、废气和固体废弃物。

环境污染排放约束分为废气、废水和固体废弃物总量约束条件。本书的污染物为废气、废水和固体废弃物总量。根据国家统计局的北京市与河北省的废水、废气以及固体废弃物的统计数据（见表4－22、表4－23）可以看出，在2012年，北京市废气为338167.58吨，2011—2017年年均降速为9.56%；废水为140273.72万吨，2011—2017年年均降速为1.46%；固体废弃物为1104万吨。在2012年，河北省废气为4338187.97吨，2011—2017年年均降速为9.01%；废水为305773.5万吨，2011—2017年年均降速为3.06%；固体废弃物为45576万吨。2012年北京市废气、废水、固体废弃物排放系数占比（见表4－24）为0.705、0.293和0.002，河北省废气、废水和固体废弃物排放系数占比（见表4－25）为0.925、0.065和0.010。由于固体废弃物一直呈现上升趋势，考虑到技术进步与政府重视环境保护，因此以2012年固体废弃物排放作为2020—2024年的固体废弃物排放量。通过调整，2022 年北京市废气、废水和固体废弃物占比为 0. 482、0. 513 和 0. 005，河北省废气、废水和固体废弃物占比为 0. 854、0. 121 和 0. 025（分行业数据见附录 B 表 10、表 11），如表 4 – 25 所示。

表 4 – 22　北京市和河北省废气、废水、固体废弃物排放量汇总（2011—2017 年）

地区	北京市			河北省		
指标	废水排放总量（万吨）	废气排放总量（吨）	固体废弃物排放总量（万吨）	废水排放总量（万吨）	废气排放总量（吨）	固体废弃物排放总量（万吨）
2011 年	145468. 95	352056. 26	—	278551. 26	4535744. 19	—
2012 年	140273. 72	338167. 58	1104	305773. 5	4338187. 97	45576
2013 年	144579. 93	312656. 69	—	310920. 54	4250477. 71	—
2014 年	150713. 57	287233. 62	—	309823. 96	4500054. 9	—
2015 年	151733. 34	258185. 36	—	310567. 56	4034596. 39	—
2016 年	166419. 28	163864. 78	—	288794. 55	3172919. 88	—
2017 年	133187. 89	185023. 02	—	253685. 36	2462104. 39	—

数据来源：根据国家统计局官网相关数据整理。

表 4 – 23　北京市和河北省污染物年均变动速度（2011—2017 年）

区域	废气	废水
北京市	–9. 56%	–1. 46%
河北省	–9. 01%	–3. 06%

表 4 – 24　北京市和河北省 2012 年污染物占比

区域	废气	废水	固体废弃物
北京市	0. 705	0. 293	0. 002
河北省	0. 925	0. 065	0. 010

表 4 – 25　北京市和河北省 2022 年污染物占比

区域	废气	废水	固体废弃物
北京市	0. 482	0. 513	0. 005
河北省	0. 854	0. 121	0. 025

③供给模型求解。以产出最大化为目标函数，加入3个能源约束条件及3个污染物排放条件，可以得到48个约束条件，其中前42个为经济矩阵投入产出平衡约束，第43～45个方程为资源占用约束，第46～48个方程为环境污染控制约束，根据这一优化模型，可以得到北京市和河北省2022年和2024年规划求解结果，如表4－26、表4－27所示。

表4－26　　北京市2022年和2024年最终产出构成　　单位：亿元

编码	部门	2022年产出	2024年产出
1	农林牧渔产品和服务	313.071	355.093
2	煤炭采选产品	768.849	872.047
3	石油和天然气开采产品	3.795	4.304
4	金属矿采选产品	161.310	182.962
5	非金属矿和其他矿采选产品	216.873	245.982
6	食品和烟草	810.943	919.792
7	纺织品	42.417	48.111
8	纺织服装鞋帽皮革羽绒及其制品	196.137	222.464
9	木材加工品和家具	97.584	110.682
10	造纸印刷和文教体育用品	286.293	324.721
11	石油、炼焦产品和核燃料加工品	651.376	738.807
12	化学产品	1177.947	1336.057
13	非金属矿物制品	458.861	520.451
14	金属冶炼和压延加工品	268.227	304.230
15	金属制品	337.926	383.284
16	通用设备	551.575	625.610
17	专用设备	485.541	550.713
18	交通运输设备	2545.923	2887.652
19	电气机械和器材	661.486	750.274
20	通信设备、计算机和其他电子设备	1957.165	2219.866
21	仪器仪表	214.651	243.463
22	其他制造产品	58.022	65.810

续 表

编码	部门	2022 年产出	2024 年产出
23	废品废料	18.317	20.776
24	金属制品、机械和设备修理服务	39.525	44.830
25	电力、热力的生产和供应	2744.627	3113.024
26	燃气生产和供应	184.845	209.656
27	水的生产和供应	45.280	51.358
28	建筑	3288.777	3730.213
29	批发和零售	3123.986	3543.304
30	交通运输、仓储和邮政	2516.925	2854.759
31	住宿和餐饮	943.469	1070.106
32	信息传输、软件和信息技术服务	2505.398	2841.686
33	金融	3166.834	3591.897
34	房地产	1656.654	1879.019
35	租赁和商务服务	1911.017	2167.524
36	科学研究和技术服务	2860.694	3244.671
37	水利、环境和公共设施管理	239.524	271.674
38	居民服务、修理和其他服务	230.612	261.566
39	教育	910.274	1032.455
40	卫生和社会工作	856.461	971.419
41	文化、体育和娱乐	861.357	976.973
42	公共管理、社会保障和社会组织	1170.455	1327.559
总计		41541.003	47116.844

表 4－27　河北省 2022 年和 2024 年最终产出构成　单位：亿元

编码	部门	2022 年产出	2024 年产出
1	农林牧渔产品和服务	3384.021	3838.241
2	煤炭采选产品	1397.665	1585.266
3	石油和天然气开采产品	222.524	252.392
4	金属矿采选产品	2964.379	3362.274

续　表

编码	部门	2022 年产出	2024 年产出
5	非金属矿和其他矿采选产品	184. 326	209. 067
6	食品和烟草	2375. 290	2694. 114
7	纺织品	1094. 280	1241. 160
8	纺织服装鞋帽皮革羽绒及其制品	942. 580	1069. 098
9	木材加工品和家具	267. 206	303. 071
10	造纸印刷和文教体育用品	635. 212	720. 474
11	石油、炼焦产品和核燃料加工品	1700. 652	1928. 922
12	化学产品	2841. 277	3222. 648
13	非金属矿物制品	1273. 349	1444. 265
14	金属冶炼和压延加工品	8133. 722	9225. 472
15	金属制品	1593. 563	1807. 459
16	通用设备	960. 695	1089. 645
17	专用设备	728. 212	825. 956
18	交通运输设备	1136. 030	1288. 513
19	电气机械和器材	1144. 605	1298. 240
20	通信设备、计算机和其他电子设备	234. 413	265. 877
21	仪器仪表	45. 826	51. 977
22	其他制造产品	24. 597	27. 899
23	废品废料	131. 940	149. 650
24	金属制品、机械和设备修理服务	169. 869	192. 670
25	电力、热力的生产和供应	1640. 696	1860. 918
26	燃气生产和供应	73. 192	83. 016
27	水的生产和供应	27. 586	31. 289
28	建筑	3527. 839	4001. 363
29	批发和零售	1575. 603	1787. 089
30	交通运输、仓储和邮政	3060. 423	3471. 208
31	住宿和餐饮	526. 078	596. 691
32	信息传输、软件和信息技术服务	421. 163	477. 693

续 表

编码	部门	2022 年产出	2024 年产出
33	金融	1091.007	1237.448
34	房地产	795.324	902.076
35	租赁和商务服务	312.642	354.606
36	科学研究和技术服务	421.029	477.542
37	水利、环境和公共设施管理	53.820	61.044
38	居民服务、修理和其他服务	511.255	579.879
39	教育	455.737	516.909
40	卫生和社会工作	431.359	489.258
41	文化、体育和娱乐	85.670	97.169
42	公共管理、社会保障和社会组织	740.534	839.932
总计		49337.190	55959.480

根据北京市和河北省“十三五”规划对 GDP 增速的要求，可以预测 2020—2024 年 GDP 值，如表 4－28 所示。

表 4－28　　2020—2024 年北京市和河北省 GDP 预测值　　单位：亿元

年份	北京市	河北省
2020	36625.01	43498.59
2021	39005.63	46326.00
2022	41541.00	49337.19
2023	44241.17	52544.11
2024	47116.84	55959.48

（3）一般均衡模型

根据供给模型求得的 2022 年和 2024 年的总产出，再结合 2022 年和 2024 年的最终需求表，可以得到北京市和河北省的净调入和净调出情况。

从表 4－29 可以看出，北京市 2012 年和 2024 年的净调入和净调出的总值为负，2022 年净调入和净调出的总值为正，说明北京市在 2022 年将成为一个净调出的地区，但持续到 2024 年会回到原有的净调入状况，且调入的数量越来越多。在 42 个产业部门中，净调出增幅较大的有信息传输、软件和信息技术服务、金融等，主要集中在第三产业。这说明北京市的第三产业增长迅速。

表4－29　北京市2012年、2022年和2024年净调入和净调出数据　单位：亿元

部门	编码	2012年	2022年	2024年
农林牧渔产品和服务	1	－285.816	－80.077	－611.717
煤炭采选产品	2	－272.585	708.218	－2391.263
石油和天然气开采产品	3	－10040.500	3.795	－10222.600
金属矿采选产品	4	－1103.061	161.310	－1270.120
非金属矿和其他矿采选产品	5	17.26079	216.8727	－176.646
食品和烟草	6	84.935	－328.824	－1221.550
纺织品	7	101.226	－30.356	－334.557
纺织服装鞋帽皮革羽绒及其制品	8	308.024	－504.628	－394.938
木材加工品和家具	9	149.373	32.567	－54.802
造纸印刷和文教体育用品	10	804.723	－39.689	－2069.352
石油、炼焦产品和核燃料加工品	11	－173.343	473.254	－3917.644
化学产品	12	96.687	978.629	－3332.564
非金属矿物制品	13	593.167	450.049	111.696
金属冶炼和压延加工品	14	－30.271	268.227	－7991.723
金属制品	15	335.899	271.322	56.369
通用设备	16	－262.749	359.128	－674.215
专用设备	17	－321.354	428.902	－410.909
交通运输设备	18	－2988.771	1857.946	－2788.873
电气机械和器材	19	162.073	432.903	－468.458
通信设备、计算机和其他电子设备	20	370.245	1703.006	－1694.373
仪器仪表	21	－14.229	186.935	－1.465
其他制造产品	22	－10.837	55.898	－457.921
废品废料	23	－10.212	18.317	7.256
金属制品、机械和设备修理服务	24	394.650	39.525	37.578
电力、热力的生产和供应	25	－294.359	2632.484	863.406
燃气生产和供应	26	0.0167	132.707	201.254
水的生产和供应	27	－0.196	32.0936	49.220
建筑	28	14.970	－3106.791	2772.751

续 表

部门	编码	2012 年	2022 年	2024 年
批发和零售	29	-840.429	2431.981	-1532.162
交通运输、仓储和邮政	30	-814.399	2226.913	-537.414
住宿和餐饮	31	-60.8169	460.3942	180.219
信息传输、软件和信息技术服务	32	-599.936	120.511	1472.277
金融	33	-1077.923	2872.618	2223.983
房地产	34	216.491	-904.005	1494.638
租赁和商务服务	35	87.142	1850.890	1562.327
科学研究和技术服务	36	-1542.872	938.241	379.709
水利、环境和公共设施管理	37	-51.067	-272.006	55.219
居民服务、修理和其他服务	38	43.545	92.604	240.556
教育	39	-157.819	-1892.192	180.603
卫生和社会工作	40	-14.177	-2673.500	135.293
文化、体育和娱乐	41	-339.732	-344.534	149.700
公共管理、社会保障和社会组织	42	33.642	2914.982	185.507
总计		-17493.384	15144.527	-30195.705

据表 4-30 可以看出，河北省 2012 年和 2024 年净调入和净调出的总值为正，2022 年净调入和净调出总值为负，说明河北省在 2022 年将成为一个净调出的地区，且调出的数量越来越多。在 42 个产业部门中，净调出增幅较大的部门主要集中在第二产业，这说明河北省的第二产业增长迅速。而 2022—2024 年，第三产业由净调入转为净调出，其中，交通运输、仓储和邮政、住宿和餐饮、金融、房地产、居民服务、修理和其他服务等部门的增幅变动最大。

表 4-30 河北省 2012 年、2022 年和 2024 年净调入和净调出数据 单位：亿元

部门	编码	2012 年	2022 年	2024 年
农林牧渔产品和服务	1	-889.649	-19.116	1469.189
煤炭采选产品	2	625.353	1364.817	1556.372
石油和天然气开采产品	3	890.443	222.523	252.122
金属矿采选产品	4	-532.713	2964.379	2760.834
非金属矿和其他矿采选产品	5	293.3994	184.326	205.860
食品和烟草	6	-1332.05	1015.927	856.707
纺织品	7	-1016.17	951.464	84.013

续 表

部门	编码	2012 年	2022 年	2024 年
纺织服装鞋帽皮革羽绒及其制品	8	-594.021	-188.679	43.866
木材加工品和家具	9	100.939	-57.094	130.911
造纸印刷和文教体育用品	10	102.487	-21.173	534.645
石油、炼焦产品和核燃料加工品	11	61.029	1539.564	1256.459
化学产品	12	10.730	2538.802	2148.175
非金属矿物制品	13	-406.503	1213.697	898.031
金属冶炼和压延加工品	14	-3716.473	8133.722	4400.068
金属制品	15	-273.758	856.726	1242.042
通用设备	16	69.344	-2582.314	-188.153
专用设备	17	-157.312	-1858.523	-125.924
交通运输设备	18	-432.616	-1268.530	-85.651
电气机械和器材	19	-86.403	8.929	646.461
通信设备、计算机和其他电子设备	20	509.206	-447.871	-7.531
仪器仪表	21	49.117	-62.142	12.625
其他制造产品	22	163.281	11.535	19.025
废品废料	23	46.447	131.940	147.741
金属制品、机械和设备修理服务	24	-36.001	169.773	144.808
电力、热力的生产和供应	25	927.002	1294.926	1798.144
燃气生产和供应	26	-0.255	30.330	62.356
水的生产和供应	27	168.802	48.497	13.962
建筑	28	5917.624	-38578.600	-5708.352
批发和零售	29	-916.285	53.531	311.503
交通运输、仓储和邮政	30	-957.786	303.284	1067.206
住宿和餐饮	31	-90.8036	73.892	406.187
信息传输、软件和信息技术服务	32	-212.357	106.905	130.497
金融	33	1380.575	-510.186	845.709
房地产	34	109.493	-1327.192	498.547
租赁和商务服务	35	148.290	217.461	319.407
科学研究和技术服务	36	-12.604	-749.171	143.853
水利、环境和公共设施管理	37	191.1839	-799.936	-145.463

续 表

部门	编码	2012 年	2022 年	2024 年
居民服务、修理和其他服务	38	24.208	-37.101	430.555
教育	39	-5.585	-1833.513	-1.653
卫生和社会工作	40	44.427	-767.936	288.274
文化、体育和娱乐	41	78.132	-529.627	-25.413
公共管理、社会保障和社会组织	42	-3.940	-2795.792	-93.655
总计		238.227	-30997.546	18744.359

①从需求角度分析。根据2012年北京市与河北省的最终需求比例（见表4-31），以及测算出的北京市和河北省2022年和2024年最终使用状况，可以得到42个产业部门的最终需求比例（不含净调入和净调出），如表4-32所示。

从表4-31、表4-32中可以看到，北京市第一产业（编号1）的最终产品需求从2012年的0.8%上升到2022年和2024年的1.2%，在总需求中的比例呈现上升趋势。北京市第二产业（编号2~28）从2012年的43.8%下降到2022年的33.6%，而在2024年上升达到72.4%，在总需求中的比例呈现先下降后上升的趋势。2022年冬奥会秉持绿色、共享、开放和廉洁的理念，力争节俭办奥运会。同时北京市正在逐步去除过剩产能，减少制造业，发展高新技术产业，明确政治中心的地位和职能，因而在2022年以前对新建场馆的需求量并未达到一个高值，反而可能为了冬奥会而控制重大项目的建设，冬奥会结束后一些重大项目继续实施，使得第二产业在2024年的占比上升。北京市第三产业（编号29~42）从2012年的55.4%上升到2022年的66.1%，在2024年下降到26.5%。北京市的城市职能定位引导第三产业快速发展，同时冬奥会对旅游业、餐饮服务业存在拉动作用，进而促进第三产业需求量的提高（见表4-32）①。

① 此处数据不含调入和调出的占比，所以相加起来不是100%，余同。

表4-31　　北京市和河北省2012年最终需求比例

编号	部门	北京市2012年	河北省2012年
1	农林牧渔产品和服务	0.008	0.069
2	煤炭采选产品	0.019	0.028
3	石油和天然气开采产品	0.000	0.005
4	金属矿采选产品	0.004	0.060
5	非金属矿和其他矿采选产品	0.005	0.004
6	食品和烟草	0.020	0.048
7	纺织品	0.001	0.022
8	纺织服装鞋帽皮革羽绒及其制品	0.005	0.019
9	木材加工品和家具	0.002	0.005
10	造纸印刷和文教体育用品	0.007	0.013
11	石油、炼焦产品和核燃料加工品	0.016	0.034
12	化学产品	0.028	0.058
13	非金属矿物制品	0.011	0.026
14	金属冶炼和压延加工品	0.006	0.165
15	金属制品	0.008	0.032
16	通用设备	0.013	0.019
17	专用设备	0.012	0.015
18	交通运输设备	0.061	0.023
19	电气机械和器材	0.016	0.023
20	通信设备、计算机和其他电子设备	0.047	0.005
21	仪器仪表	0.005	0.001
22	其他制造产品	0.001	0.000
23	废品废料	0.000	0.003
24	金属制品、机械和设备修理服务	0.001	0.003
25	电力、热力的生产和供应	0.066	0.033
26	燃气生产和供应	0.004	0.001
27	水的生产和供应	0.001	0.001
28	建筑	0.079	0.072
29	批发和零售	0.075	0.032

续 表

编号	部门	北京市 2012 年	河北省 2012 年
30	交通运输、仓储和邮政	0.061	0.062
31	住宿和餐饮	0.023	0.011
32	信息传输、软件和信息技术服务	0.060	0.009
33	金融	0.076	0.022
34	房地产	0.040	0.016
35	租赁和商务服务	0.046	0.006
36	科学研究和技术服务	0.069	0.009
37	水利、环境和公共设施管理	0.006	0.001
38	居民服务、修理和其他服务	0.006	0.010
39	教育	0.022	0.009
40	卫生和社会工作	0.021	0.009
41	文化、体育和娱乐	0.021	0.002
42	公共管理、社会保障和社会组织	0.028	0.015

表 4-32　北京市和河北省 2022 年和 2024 年最终需求比例

编号	部门	北京市		河北省	
		2022 年	2024 年	2022 年	2024 年
1	农林牧渔产品和服务	0.012	0.012	0.042	0.064
2	煤炭采选产品	0.002	0.042	0.000	0.001
3	石油和天然气开采产品	0.000	0.131	0.000	0.000
4	金属矿采选产品	0.000	0.019	0.000	0.016
5	非金属矿和其他矿采选产品	0.000	0.005	0.000	0.000
6	食品和烟草	0.035	0.027	0.017	0.049
7	纺织品	0.002	0.005	0.002	0.031
8	纺织服装鞋帽皮革羽绒及其制品	0.022	0.008	0.014	0.028
9	木材加工品和家具	0.002	0.002	0.004	0.005
10	造纸印刷和文教体育用品	0.010	0.031	0.008	0.005
11	石油、炼焦产品和核燃料加工品	0.006	0.060	0.002	0.018
12	化学产品	0.006	0.060	0.004	0.029
13	非金属矿物制品	0.000	0.005	0.001	0.015

续　表

编号	部门	北京市		河北省	
		2022 年	2024 年	2022 年	2024 年
14	金属冶炼和压延加工品	0.000	0.106	0.000	0.130
15	金属制品	0.002	0.004	0.009	0.015
16	通用设备	0.006	0.017	0.044	0.034
17	专用设备	0.002	0.012	0.032	0.026
18	交通运输设备	0.021	0.073	0.030	0.037
19	电气机械和器材	0.007	0.016	0.014	0.018
20	通信设备、计算机和其他电子设备	0.008	0.050	0.008	0.007
21	仪器仪表	0.001	0.003	0.001	0.001
22	其他制造产品	0.000	0.007	0.000	0.000
23	废品废料	0.000	0.000	0.000	0.000
24	金属制品、机械和设备修理服务	0.000	0.000	0.000	0.001
25	电力、热力的生产和供应	0.003	0.029	0.004	0.002
26	燃气生产和供应	0.002	0.000	0.001	0.001
27	水的生产和供应	0.000	0.000	0.001	0.000
28	建筑	0.199	0.012	0.523	0.261
29	批发和零售	0.021	0.065	0.019	0.040
30	交通运输、仓储和邮政	0.009	0.043	0.034	0.065
31	住宿和餐饮	0.025	0.011	0.007	0.005
32	信息传输、软件和信息技术服务	0.074	0.018	0.004	0.009
33	金融	0.009	0.018	0.020	0.011
34	房地产	0.080	0.005	0.026	0.011
35	租赁和商务服务	0.002	0.008	0.001	0.001
36	科学研究和技术服务	0.060	0.046	0.015	0.009
37	水利、环境和公共设施管理	0.016	0.003	0.011	0.006
38	居民服务、修理和其他服务	0.004	0.000	0.007	0.004
39	教育	0.087	0.011	0.028	0.014
40	卫生和社会工作	0.110	0.011	0.015	0.005
41	文化、体育和娱乐	0.037	0.011	0.008	0.003
42	公共管理、社会保障和社会组织	0.127	0.015	0.044	0.025

从表4－31、表4－32中可以看出，河北省第一产业（编号1）的最终需求从2012年的6.9%下降到2022年4.2%，后又上升到2024年的6.4%，在最终需求中的比例呈现先下降后上升的趋势。第二产业（编号2～28）从2012年的71.8%上升到2022年的71.9%，而在2024年达到73%，在最终需求中的比例呈现持续上升的趋势。河北省在去产能的背景下，逐步去除重污染制造业，为冬奥会营造良好的环境氛围，河北省重视张家口的环境发展，因而在2022年以前第二产业并未呈现快速上升的态势。但中央为冬奥会张家口赛区建设一批新的基础设施，故而第二产业占比有轻微上升。冬奥会结束后一些经济效益高，具有一定污染性的项目可能继续实施，使得第二产业在2024年的占比上升。第三产业（编号29～42）从2012年的21.3%上升到2022年的23.9%，在2024年下降到20.8%。这可能是由于冬奥会的带动作用，张家口市知名度的提升有利于周边城市服务业的发展（见表4－33）。

总的来说，北京市第二产业和第三产业的变动幅度均高于河北省，这主要是由于城市职能的差异所导致的。从表4－33中的结果可以看出，冬奥会是解释产业变动的重要因素。

表4－33　北京市和河北省三大产业最终产品需求占比分布

产业	北京市			河北省		
	2012年	2022年	2024年	2012年	2022年	2024年
第一产业	0.008	0.012	0.012	0.069	0.042	0.064
第二产业	0.438	0.336	0.724	0.718	0.719	0.730
第三产业	0.554	0.661	0.265	0.213	0.239	0.208

②从供给角度分析。根据2012年北京市和河北省的最终供给情况（见表4－34），以及测算出的北京市和河北省2022年和2024年最终使用状况，可以得到42个产业部门的最终供给比例（不含净调入和净调出），如表4－35所示。

表4－34　北京市和河北省2012年最终供给

编号	部门	北京市2012年	河北省2012年
1	农林牧渔产品和服务	0.009	0.078
2	煤炭采选产品	0.022	0.032

续　表

编号	部门	北京市 2012 年	河北省 2012 年
3	石油和天然气开采产品	0.000	0.006
4	金属矿采选产品	0.005	0.070
5	非金属矿和其他矿采选产品	0.006	0.005
6	食品和烟草	0.024	0.057
7	纺织品	0.001	0.026
8	纺织服装鞋帽皮革羽绒及其制品	0.006	0.023
9	木材加工品和家具	0.002	0.006
10	造纸印刷和文教体育用品	0.009	0.016
11	石油、炼焦产品和核燃料加工品	0.020	0.042
12	化学产品	0.035	0.072
13	非金属矿物制品	0.014	0.033
14	金属冶炼和压延加工品	0.008	0.208
15	金属制品	0.010	0.041
16	通用设备	0.017	0.024
17	专用设备	0.015	0.019
18	交通运输设备	0.079	0.030
19	电气机械和器材	0.021	0.030
20	通信设备、计算机和其他电子设备	0.062	0.007
21	仪器仪表	0.007	0.001
22	其他制造产品	0.001	0.000
23	废品废料	0.000	0.004
24	金属制品、机械和设备修理服务	0.001	0.004
25	电力、热力的生产和供应	0.090	0.045
26	燃气生产和供应	0.006	0.001
27	水的生产和供应	0.001	0.001
28	建筑	0.111	0.101
29	批发和零售	0.106	0.045
30	交通运输、仓储和邮政	0.087	0.088
31	住宿和餐饮	0.033	0.016
32	信息传输、软件和信息技术服务	0.086	0.013

续 表

编号	部门	北京市 2012 年	河北省 2012 年
33	金融	0. 110	0. 032
34	房地产	0. 058	0. 023
35	租赁和商务服务	0. 068	0. 009
36	科学研究和技术服务	0. 102	0. 013
37	水利、环境和公共设施管理	0. 009	0. 001
38	居民服务、修理和其他服务	0. 009	0. 015
39	教育	0. 033	0. 014
40	卫生和社会工作	0. 032	0. 014
41	文化、体育和娱乐	0. 032	0. 003
42	公共管理、社会保障和社会组织	0. 043	0. 023

表 4－35　　北京市和河北省 2022 年和 2024 年最终供给

编号	部门	北京市		河北省	
		2022 年	2024 年	2022 年	2024 年
1	农林牧渔产品和服务	0. 014	0. 014	0. 047	0. 072
2	煤炭采选产品	0. 002	0. 048	0. 000	0. 001
3	石油和天然气开采产品	0. 000	0. 151	0. 000	0. 000
4	金属矿采选产品	0. 000	0. 022	0. 000	0. 019
5	非金属矿和其他矿采选产品	0. 000	0. 006	0. 000	0. 000
6	食品和烟草	0. 041	0. 032	0. 020	0. 058
7	纺织品	0. 002	0. 006	0. 002	0. 037
8	纺织服装鞋帽皮革羽绒及其制品	0. 026	0. 010	0. 017	0. 034
9	木材加工品和家具	0. 002	0. 002	0. 005	0. 006
10	造纸印刷和文教体育用品	0. 012	0. 038	0. 010	0. 006
11	石油、炼焦产品和核燃料加工品	0. 007	0. 074	0. 002	0. 022
12	化学产品	0. 007	0. 074	0. 005	0. 036
13	非金属矿物制品	0. 000	0. 006	0. 001	0. 019
14	金属冶炼和压延加工品	0. 000	0. 134	0. 000	0. 164
15	金属制品	0. 003	0. 005	0. 011	0. 019
16	通用设备	0. 008	0. 022	0. 056	0. 044

续 表

编号	部门	北京市		河北省	
		2022 年	2024 年	2022 年	2024 年
17	专用设备	0.003	0.015	0.041	0.034
18	交通运输设备	0.027	0.095	0.039	0.048
19	电气机械和器材	0.009	0.021	0.018	0.024
20	通信设备、计算机和其他电子设备	0.011	0.066	0.011	0.009
21	仪器仪表	0.001	0.004	0.001	0.001
22	其他制造产品	0.000	0.009	0.000	0.000
23	废品废料	0.000	0.000	0.000	0.000
24	金属制品、机械和设备修理服务	0.000	0.000	0.000	0.001
25	电力、热力的生产和供应	0.004	0.040	0.005	0.003
26	燃气生产和供应	0.003	0.000	0.001	0.001
27	水的生产和供应	0.000	0.000	0.001	0.000
28	建筑	0.279	0.017	0.732	0.365
29	批发和零售	0.030	0.092	0.027	0.056
30	交通运输、仓储和邮政	0.013	0.061	0.048	0.092
31	住宿和餐饮	0.021	0.016	0.010	0.007
32	信息传输、软件和信息技术服务	0.107	0.026	0.006	0.013
33	金融	0.013	0.026	0.029	0.016
34	房地产	0.117	0.007	0.038	0.016
35	租赁和商务服务	0.003	0.012	0.001	0.001
36	科学研究和技术服务	0.089	0.068	0.022	0.013
37	水利、环境和公共设施管理	0.024	0.004	0.016	0.009
38	居民服务、修理和其他服务	0.006	0.000	0.011	0.006
39	教育	0.131	0.017	0.042	0.021
40	卫生和社会工作	0.167	0.017	0.023	0.008
41	文化、体育和娱乐	0.057	0.017	0.012	0.005
42	公共管理、社会保障和社会组织	0.196	0.023	0.068	0.039

从表 4－34、表 4－35 中的数据可以看到，北京市第一产业（编号 1）的最终产品供给从 2012 年的 0.9% 上升到 2022 年和 2024 年的 1.4%，在总供给

中的比例呈现上升趋势。北京市第二产业（编号2～28）供给从2012年的57.3%下降到2022年的44.7%，而在2024年有所上升达到89.7%，在总供给中的比例呈现先下降后上升的趋势。这说明节俭办冬奥会的理念对北京市制造业的影响明显，使得2022年前在大型基础建设供给方面出现下降。同时北京市引导高新技术产业发展具有时滞性，在一定年限后高新技术产业的发展带动第二产业在总供给中的占比出现迅速上升的趋势。北京市第三产业（编号29～42）从2012年的80.8%上升到2022年的97.4%，在2024年下降到38.6%，这说明冬奥会对第三产业供给的带动十分明显。冬奥会会引导供给者提供多样化的服务，进而促进服务业种类的增加和质量的提升。

河北省第一产业（编号1）的最终产品供给从2012年的7.8%下降到2022年的4.7%，而2024年上升到7.2%，在总供给中的比例呈现先下降后上升的趋势。第二产业（编号2～28）从2012年的90.4%上升到2022年的97.8%，而在2024年下降到95.1%，在总供给中的比例呈现先上升后下降的趋势。河北省政府的引导作用使第二产业供给方增速较小，尤其是冬奥会环保的意识，使河北省现存的高污染行业发展受到限制，而2024年第二产业进一步发展。第三产业（编号29～42）从2012年的30.9%上升到2022年的35.3%，在2024年下降到30.2%。这可能是由于冬奥会的带动作用，张家口市知名度的提升有利于整个河北省服务业的发展。

总的来说，在2022年（冬奥会举办年）北京市和河北省最终产品供给存在显著差异，北京市第二产业占比低于50%，而河北省第二产业占比已达97.8%，但河北省（见表4－36）第三产业发展不足，远低于北京市的发展水平。即使在承办冬奥会后，河北省的产业结构依然未出现明显的变化。

表4－36　北京市和河北省三大产业最终产品供给分布

产业	北京市			河北省		
	2012年	2022年	2024年	2012年	2022年	2024年
第一产业	0.007	0.009	0.017	0.060	0.034	0.055
第二产业	0.411	0.313	0.498	0.700	0.710	0.717
第三产业	0.582	0.678	0.485	0.240	0.256	0.228

③最终需求和供给的不平衡分析。根据中央基建投资预算和地方项目申

报情况，可以看到，中央预计在张家口市投资5亿元以支持北京冬奥会张家口赛区5个竞赛场馆的建设，而在北京市的基础建设中，投资多侧重城市轨道交通建设、棚户区改造、冬奥会工程建设、信息系统和网络维护等，这些都旨在提升北京—张家口冬奥会硬件保障水平和相关配套服务质量，营造良好办赛环境。基于此预算投资分配，结合净调入调出值表（见表4－37），可以对北京市和河北省的净调入和净调出情况进行分析。

表4－37　北京市和河北省三大产业净调入调出值　单位：亿元

产业	北京市			河北省		
	2012年	2022年	2024年	2012年	2022年	2024年
第一产业	－285.816	－80.077	－611.717	－889.649	－19.116	1469.189
第二产业	－12089.232	7433.801	－35774.470	1351.007	22480.022	13099.580
第三产业	－5118.342	1992.940	5431.042	－223.052	－8743.171	4175.554

据表4－37可以看出，北京市和河北省2012年、2022年和2024年净调入和净调出的总值在三大产业间存在差异。北京市第一产业存在持续的净调入，第二产业在2022年为净调出，而在2012年和2024年为净调入，第三产业2012—2024年存在由净调入转为净调出的趋势，这说明冬奥会期间的投资倾向对产业结构具有一定的导向作用。

河北省的第一产业由2012年和2022年的净调入转为2024年的净调出，而第二产业持续为净调出部门，第三产业由2012年和2022年的净调入转为2024年的净调出，说明河北省2024年在该产业将成为一个净调出的地区，且调出的数量越来越多。在42个产业部门中，净调出增幅较大的主要集中在第二产业，这说明河北省在第二产业增长迅速。2022—2024年，第三产业由净调入转为净调出，其中，交通运输、仓储和邮政，住宿和餐饮，金融，房地产和居民服务、修理和其他服务的增幅变动最大。

FIVE —— 五

冬奥会投资对京冀地区经济影响预测与评价

在前文的预测分析中，我们根据 CGE 模型预测出北京—张家口冬奥会 2022 年和 2024 年 42 个产业部门的总需求和总供给，并从总需求、总供给和净调入调出三个角度对预测结果进行分析。总的来说，从冬奥会对北京市和河北省三次产业的增加额的影响来看，冬奥会固定资产投资对第一产业、第二产业、第三产业存在总体拉动效应，具体来说，其对北京市第三产业具有明显提升，而对河北省第二产业的影响更为显著。这与 1988 年汉城奥运会后，韩国政府公布的一项统计：奥运会为韩国建筑业、制造业和第三产业分别创造产值的结论一致。从总体上看，奥运经济对北京市第三产业的直接拉动呈现上升趋势，对河北省第三产业的直接拉动呈现下降趋势。在奥运周期内，北京市原有主导产业中的金融保险业、旅游业、运输邮电业、房地产业将继续保持占有相当大的份额。

考虑到在冬奥会前期、中期、后期三个不同阶段，具体拉动经济增长的因素存在差异，因此本文进一步结合投资、旅游收入和经济增长的关系对各个阶段进行预测。在冬奥会前期，场馆建设、基础设施建设等直接投资能够促进 GDP 增长，故而在该阶段重点运用投资与经济增长模型进行预测分析。在冬奥会中期及后期，主要是旅游业收入拉动 GDP 发展，进而采用旅游收入模型来预测。本书将详细介绍投资与经济增长模型和旅游收入模型。

（一）模型构建

1. 投资与经济增长模型

在宏观经济学设定中，国民经济核算可以采用三种方法，分别为生产法、分配法和支出法。本书使用支出法计算生产总值，消费加上投资等于收入。投资是国民生产总值的重要部分，经济增长离不开投资。因此可以得到如下式子。

$$Y_t = C_t + I_t \tag{5.1}$$

其中，Y 表示收入，C 表示消费，I 表示投资。

由于收入决定消费，消费倾向与收入的乘积为消费总额，因此有如下式子。

$$C_t = \alpha \times Y_t \tag{5.2}$$

其中，α 消费倾向，且 $0 < \alpha < 1$ 。将下式代入国民经济核算的式子中，可以得到：

$$Y_t = I_t/(1 - \alpha) \tag{5.3}$$

在上式中，$1/(1 - \alpha)$ 表示投资乘数，令 $K = 1/(1 - \alpha)$ 。

本书以奥运投资作为研究对象，以此考察奥运投资与经济增长之间的关系。投资能够为经济增长投入资本要素，拉动国内需求和供给，使得因投资活动而引起的对社会产品和劳务的需求会对经济增长具有拉动作用；同时，为满足投资需求会产生相应的投资供给，这将推动地区产业结构、劳动力配置的调整，进而对经济增长产生推动作用。因此，本书结合前人的模型设定，构建如下增量模型，刻画奥运投资对经济增长的促进作用。模型设定如下。

$$\Delta GDP_t = K \times \Delta I_t + \varepsilon \tag{5.4}$$

上式中，ΔGDP_t 表示第 t 年国内生产总值增量，ΔI_t 表示第 t 年投资总额的增量，ε 为误差项，K 表示投资乘数。

2. 旅游收入模型

随着经济的不断发展，人民生活水平不断提高，旅游业得到迅速发展，同时也带动了诸多与旅游业相关的上下游产业的经济，从而促进整个国民经济的发展，旅游乘数的概念由此产生。旅游乘数可以定义为旅游消费对地区经济变动的影响程度，具体而言可以通过测定单位旅游消费对旅游接待地区各种经济现象的影响来刻画，包括旅游支出的变化对社会产出、收入、就业和税收变化的影响。旅游乘数可以分为多种类型，具体包括旅游收入乘数、旅游产出乘数、旅游就业乘数、旅游投资乘数、旅游进口乘数等类型。

由于旅游业自身系统庞大且涉及多个产业，因此旅游业的发展和旅游消费对经济增长具有一定影响。基于学界已有成果，本书构建旅游收入与国民生产总值的增量关系模型，具体设定如下：

$$\Delta GDP_t = \beta \times \Delta TO_t + \varepsilon \tag{5.5}$$

其中，ΔGDP_t 表示第 t 年国内生产总值增量，ΔTO_t 表示第 t 年旅游收入的增量，ε 为误差项，β 表示旅游收入增量的回归系数。

（二）数据来源及说明

本书用地区生产总值表征北京市和河北省的经济状况，其中，固定资产投资用于构建投资模型，旅游收入用于构建旅游收入模型。由于 1993 年以后中国经济体制和税收制度与之前存在明显差异，因此本文拟采用的样本观测期为 1993—2017 年，但由于北京市旅游数据的样本观测期仅有 2000—2016 年，因此北京市的 GDP 和旅游收入的样本观测期为 2000—2016 年。考虑投资增量，采用北京市及河北省 1993—2017 年 GDP、投资及旅游收入数据。

值得注意的是，由于 GDP 平减指数和投资价格指数大体相近，这意味着采用名义值也能够分析出投资收入与经济增长、旅游收入与经济增长的关系，因此本文采用 GDP、投资及旅游收入的名义值，而不通过平减指数再次计算以得到实际值。

本部分的研究数据为北京市和河北省经济、投资和旅游收入，数据来源为各年的《北京旅游统计便览》《河北经济年鉴》以及国家统计局官网。

为方便对比分析，先通过收集整理得到 2000—2016 年样本数据，具体如表 5－1 所示。根据表中数据可以看出 2016 年河北省在 GDP、旅游收入和投资三方面的体量均高于北京市。以 2000 年为基期，北京市的 GDP 在 2016 年的年均增速为 13.1097%，旅游收入的年均增速为 11.8345%，投资的年均增速为 11.3339%。以 2000 年为基期，河北省的 GDP 在 2016 年的年均增速为 11.8819%，旅游收入的年均增速 22.1971%，投资的年均增速为 18.6818%。总的来说，河北省 GDP 年均增速低于北京市，河北省的旅游收入和投资的年均增速高于北京市，这说明河北省旅游业和投资增长迅速。

表 5－1　北京市、河北省 2000—2016 年 GDP、旅游收入及投资情况　单位：亿元

年份	北京市			河北省		
	GDP	旅游收入	投资	GDP	旅游收入	投资
2000	3161.66	638.00	1280.46	5043.96	201.63	1816.79
2001	3707.96	832.00	1513.32	5516.76	234.43	1912.53

续 表

年份	北京市			河北省		
	GDP	旅游收入	投资	GDP	旅游收入	投资
2002	4315.00	873.00	1796.14	6018.28	265.13	2020.38
2003	5007.21	662.00	2169.26	6921.29	198.31	2477.98
2004	6033.21	1085.00	2528.21	8477.63	334.62	3218.76
2005	6969.52	1225.00	2827.23	10012.11	406.66	4139.69
2006	8117.78	1391.00	3296.38	11467.62	489.95	5470.24
2007	9846.81	1640.00	3907.24	13607.32	556.69	6884.68
2008	11115.00	1765.00	3814.73	16011.97	535.45	8866.56
2009	12153.03	1982.84	4616.92	17235.48	688.74	12269.82
2010	14113.58	2241.41	5402.95	20394.26	890.84	15083.35
2011	16251.93	2618.92	5578.93	24515.76	1192.21	16389.33
2012	17879.40	3019.70	6112.41	26575.01	1553.91	19661.34
2013	19800.81	3332.34	6847.06	28442.95	1973.82	23194.23
2014	21330.83	3628.93	6924.23	29421.15	2528.66	26671.92
2015	23014.59	3933.00	7495.99	29806.11	3395.62	29448.27
2016	25669.13	4271.84	7943.89	32070.45	4610.13	31750.02

（三）冬奥会投资对京冀地区经济影响模型构建

通过对上文已有数据进行一阶差分处理，可以得到北京市和河北省 GDP、旅游收入和投资的增长值（见表 5－2）。基于一阶差分数据，本书运用普通最小二乘法估计得到北京市和河北省的投资与经济增长模型和旅游收入模型。

表 5－2　北京市、河北省 1994—2017 年 GDP、旅游收入及投资增量　单位：亿元

年份	北京市			河北省		
	GDP 增量	旅游收入增量	投资增量	GDP 增量	旅游收入增量	投资增量
1994	259.12	0.00	238.42	496.65	19.93	168.99
1995	362.38	0.00	192.74	662.03	29.14	230.13
1996	281.51	0.00	35.41	603.45	45.66	248.38

续 表

年份	北京市			河北省		
	GDP 增量	旅游收入增量	投资增量	GDP 增量	旅游收入增量	投资增量
1997	287.89	0.00	84.32	500.81	310.74	282.29
1998	300.09	0.00	163.42	302.23	-252.86	121.77
1999	301.64	0.00	46.54	258.18	17.37	178.71
2000	482.84	638.00	109.32	529.77	23.62	46.32
2001	546.31	194.00	232.86	472.84	32.82	95.74
2002	607.04	41.00	282.82	501.52	30.73	107.85
2003	692.21	-211.00	373.12	903.01	-66.82	457.62
2004	1026.00	423.00	358.95	1556.34	136.29	740.78
2005	936.31	140.00	299.02	1534.48	72.06	920.93
2006	1148.26	166.00	469.15	1455.49	83.29	1330.55
2007	1729.03	249.00	610.82	2139.72	66.74	1414.44
2008	1268.19	125.00	-92.47	2404.65	-21.24	1981.88
2009	1038.03	217.84	802.19	1223.51	153.25	3403.24
2010	1960.55	258.61	786.03	3158.78	202.14	2813.55
2011	2138.35	377.50	175.98	4121.52	301.37	1305.98
2012	1627.47	400.82	533.47	2059.25	361.73	3271.97
2013	1921.41	312.64	734.66	1867.94	419.91	3532.93
2014	1530.02	296.61	77.17	978.24	554.84	3477.69
2015	1683.76	304.15	571.76	384.96	866.94	2776.35
2016	2654.54	338.82	447.9	2264.34	1214.53	2301.75
2017	2345.81	-4271.81	426.55	1945.87	1479.47	1656.78

1. 冬奥会投资与经济增长模型

基于表 5-2 的结果，本书分别对北京市 GDP 增量和投资增量以及河北省 GDP 增量和投资增量进行初步拟合，得到对应的散点图。图 5-1 刻画出北京市 GDP 增量和投资增量的具体关系，可以看出在 1994—2017 年北京市投资增量与 GDP 存在正向相关的趋势。图 5-2 刻画出河北省 1994—2017 年 GDP 增量和投资增量的具体关系，与北京市两者的关系一致，在河北省中投资增量与 GDP 增量同样具有正向相关关系。

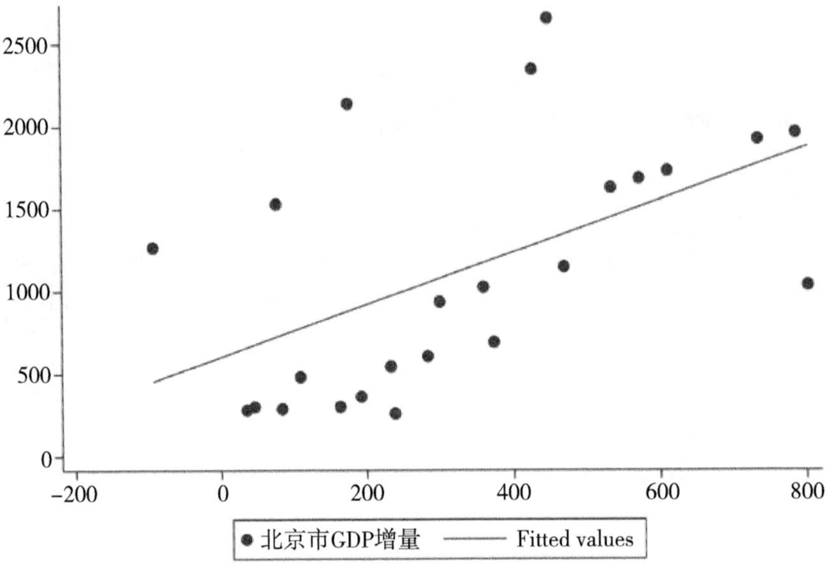

图 5-1 北京市 GDP 增量和投资增量散点图

注：横坐标为投资增量，纵坐标为 GDP 增量。

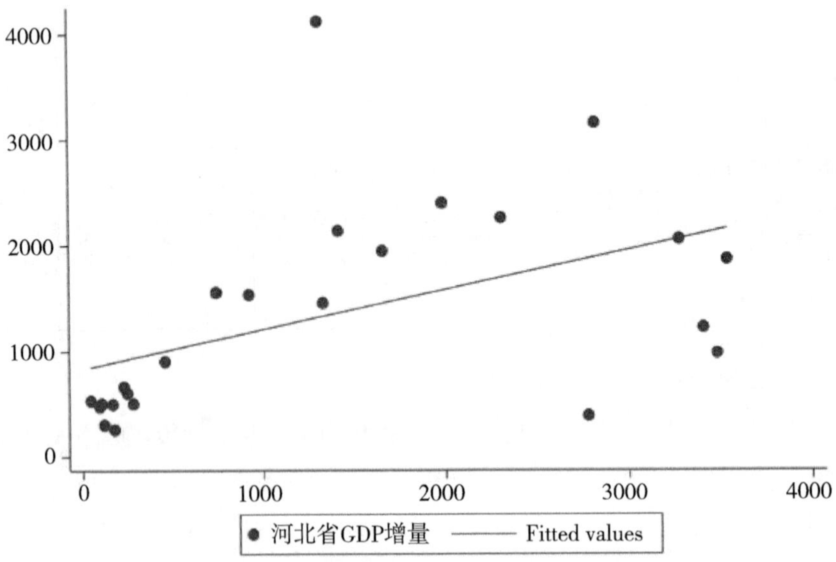

图 5-2 河北省 GDP 增量和投资增量散点图

注：横坐标为投资增量，纵坐标为 GDP 增量。

通过散点图的刻画，我们可以得到有关 GDP 增量与投资增量的直观感受，接下来再使用 Stata 15.0 对北京市和河北省 GDP 增量和投资增量的两者关系分别进行回归，可以得到北京市和河北省投资经济增长模型［见式（5.6）、式（5.7）］，回归分析结果如下（见表 5－3）：

北京市投资与经济增长模型回归结果为

$$\Delta GDP_t = 1.5870 \times \Delta I_t + 604.0012 \quad (5.6)$$
$$(0.5370) \qquad (221.1028)$$

河北省投资与经济增长模型回归结果为

$$\Delta GDP_t = 0.3762 \times \Delta I_t + 831.7703 \quad (5.7)$$
$$(0.1480) \qquad (273.2888)$$

表 5－3　北京市和河北省投资与经济增长模型回归分析结果

地区	经济指标	样本量	回归系数	F 值	t 值	$P>\|t\|$	调整后 R^2
北京市	GDP& 投资	24	1.5870	8.73	2.96	0.007	0.2516
河北省	GDP& 投资	24	0.3762	6.46	2.54	0.019	0.1918

根据表 5－3 的回归结果可以看出，北京市投资与经济增长模型的回归系数在 99% 的置信区间上显著；从回归系数来看，投资增量的估计系数为 1.5870，这意味着投资增量每增加 1 个单位，北京市 GDP 增长 1.5870 个单位。河北省投资与经济增长模型的回归系数在 95% 的置信区间上显著，从回归系数来看，投资增量的估计系数为 0.3762，这意味着投资增量每增加 1 个单位，河北省 GDP 增长 0.3762 个单位。北京市投资增量带动的经济增长要高于河北省，这可能与北京市与河北省的产业结构、要素禀赋相关。

2. 京冀地区旅游收入模型

基于表 5－3 的结果，本书通过散点图分别拟合 2000—2017 年北京市 GDP 增量和旅游收入增量，以及 1994—2017 年河北省 GDP 增量和旅游增量。图 5－3 刻画出北京市 GDP 增量和旅游收入增量的具体关系，可以看出在 2000—2016 年北京市旅游收入增量与 GDP 存在正向相关的趋势。图 5－4 刻画出河北省 GDP 增量和旅游收入增量的具体关系，两者关系与北京市中呈现出的关系不太一致，河北省的旅游收入增量与 GDP 增量的正向相关趋势不如在北京市中的明显。

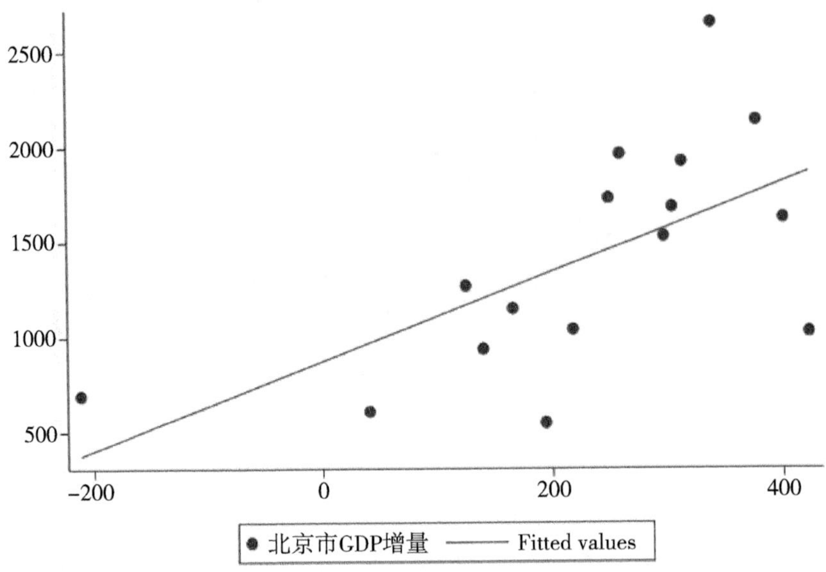

图 5-3　北京市 GDP 增量和旅游收入增量散点图

注：横坐标为旅游收入增量，纵坐标为 GDP 增量。

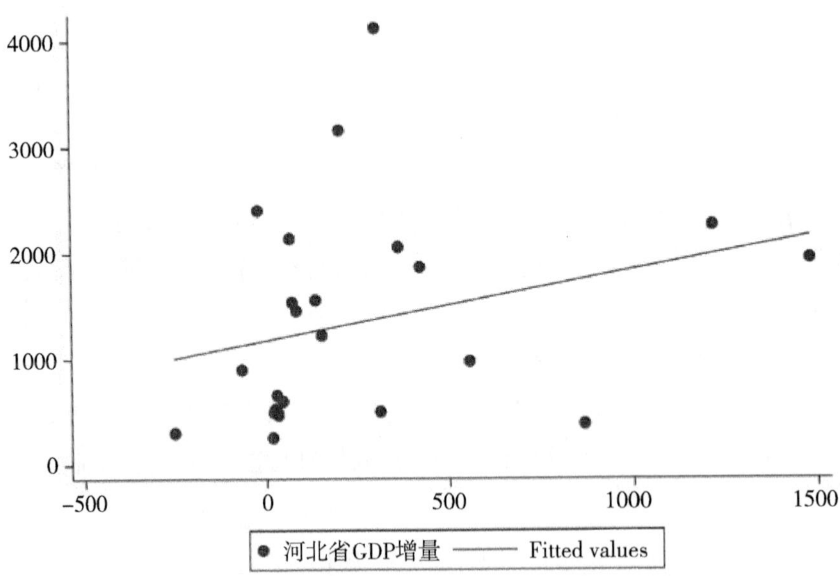

图 5-4　河北省 GDP 增量和旅游收入增量散点图

注：横坐标为旅游收入增量，纵坐标为 GDP 增量。

通过散点图的刻画，我们可以对北京市和河北省 GDP 增量与旅游收入增量具有一个直观感受，接下来再使用 Stata 15.0 对北京市和河北省中的两者关系分别进行回归，可以得到北京市和河北省旅游收入模型，回归分析结果［见式（5.8）、式（5.9）］如下（见表 5－4）：

北京市旅游收入模型回归结果为

$$\Delta GDP_t = 2.3512 \times \Delta TO_t + 872.7203 \quad (5.8)$$
$$(0.7985) \qquad (218.4941)$$

河北省旅游收入模型回归结果为

$$\Delta GDP_t = 6.0447 \times \Delta TO_t + 1646.341 \quad (5.9)$$
$$(0.7680) \qquad (337.0332)$$

表 5－4　北京市和河北省旅游收入模型回归分析结果

地区	经济指标	样本量	回归系数	F 值	t 值	$P>\|t\|$	调整后 R^2
北京市	GDP& 旅游收入	16	2.3512	8.67	2.94	0.011	0.3383
河北省	GDP& 旅游收入	24	6.0447	61.95	7.87	0.000	0.7175

根据表 5－4 回归结果可以看出，北京市旅游收入增长模型的回归系数在 95% 的置信区间上显著，从回归系数来看，旅游收入增量的估计系数为 2.3512，这意味着旅游收入增量每增加 1 个单位，北京市 GDP 增长 2.3512 个单位。而河北省旅游收入模型的回归系数在 99% 的置信区间上显著，从回归系数来看，旅游收入增量的估计系数为 6.0447，这意味着旅游收入增量每增加 1 个单位，河北省 GDP 增长 6.0447 个单位。河北省旅游收入增量带动的经济增长要高于北京市，这可能与河北省受到北京市辐射带动的影响有关。

（四）冬奥会投资对京冀地区中长期经济影响预测

冬奥会对地方经济存在两方面的影响。一方面，冬奥会的直接和间接投资会拉动地方经济，直接投资是指建设与奥运会比赛项目相关的基础设施、配套措施等，而间接投资是指因冬奥会的举办而进行的投资；另一方面，举办冬奥会有利于承办地知名度的提升和特色旅游项目的建设，能够吸引国内外人士前往参观和消费，带动主办地区的经济增长。考虑到冬奥会在筹办期、举办期和举办后对经济增长的主要驱动方式存在差异，因此本文从冬奥会前期、中期和后期进行分析。奥运会投资一般在举办奥运会的五年前启动，奥运会结束一年后基本停止。前期主要考虑场馆建设、基础设施建设，中期主要考虑旅游带动和外部消费拉动，后期考虑旅游收入和产业升级的影响。

1. 冬奥会前期

本小节重点分析冬奥会前期场馆建设和基础设施建设这两方面的投资所带来的拉动效果，在这一节的分析中，采用投资与经济增长模型来测算场馆投资对 GDP 的拉动效果。

（1）场馆建设对 GDP 的拉动作用

根据奥组委的《北京 2022 年冬季奥林匹克运动会和残奥会申办报告》，北京市关于冬奥会场馆建设的投资约为 64. 44 亿元、场馆运营费约 4. 4 亿元、租用建筑行政管理费用预算总计 0. 4 亿元、临时工程的投资约 8. 2 亿元。张家口市奥运村建设竞技场地和非竞技场地的支出在 2014 年为 7. 07 亿元和 11. 27 亿元，2022 年为 8. 99 亿元和 14. 31 亿元。依上述数据进行测算，可以得到北京市和张家口市场馆投资年度分布表（见表 5 –5）。

表 5 –5　　北京市和张家口市冬奥会场馆投资年度分布　　单位：亿元

年份 地区	2015	2016	2017	2018	2019	2020	2021
北京市	11	11	11	11	14	14	7
张家口市	20	20	20	20	25. 4	25. 4	12. 5

注：北京市场馆投资数据由顾海兵（2016）等测算得到。

从表 5 –5 中可以看出冬奥会北京市场馆投资和张家口市场馆投资所创造的投资增量，运用本章节第二部分建立的 GDP 增量与投资增量的关系模型分别测算北京市、张家口市场馆投资对当地 GDP 的拉动效果，结果如表 5 –6 所示。

表 5 –6　　北京市和张家口市场馆投资对当地 GDP 的具体拉动效果　　单位：亿元

年份 地区	2015	2016	2017	2018	2019	2020	2021	总计
北京市	23. 53	23. 53	23. 53	23. 53	28. 3	28. 3	17. 17	167. 89
张家口市	15. 84	15. 84	15. 84	15. 84	17. 88	17. 88	13. 02	112. 14

表5－6中GDP增加值均为名义值，由于2014年北京市的名义GDP和河北省的名义GDP分别为21331亿元和29421亿元，则大致可以得到2015—2021年冬奥会场馆投资对北京市和河北省GDP拉动的百分比，如表5－7所示。

表5－7　冬奥会场馆投资对北京市和河北省GDP拉动的百分比

年份 地区	2015	2016	2017	2018	2019	2020	2021	总计
北京市	0.11%	0.11%	0.11%	0.11%	0.13%	0.13%	0.08%	0.78%
河北省	0.05%	0.05%	0.05%	0.05%	0.06%	0.06%	0.04%	0.36%

通过上述讨论，可以得出结论冬奥会场馆建设对北京和河北省GDP的拉动效果存在差异，对北京市的拉动作用达0.78%，而对河北省的拉动作用为0.36%。这主要是由于冬奥会场馆投资主要在张家口市，而相对于整个河北省，单一地区的投资总额在总的经济体量中相对较小。

（2）基础设施建设对GDP的影响

冬奥会建设不仅包括场馆建设，还涉及基础设施建设。2022年北京冬奥会张家口市赛区的比赛场馆和配套基础设施项目共有76项，规划总投资约328亿元。仅2018年张家口市赛区就实施奥运场馆及基础设施续建项目28个、新建项目10个，规划总投资124.4亿元，年度计划投资67.64亿元。同时结合前人测算结果可以得到，北京市和张家口市基础设施建设的年度分布，如表5－8所示。

表5－8　北京市和张家口市基础设施建设年度分布　单位：亿元

年份 地区	2015	2016	2017	2018	2019	2020	2021
北京市	27	74	74	74	74	7	7
张家口市	20	20	20	51.8	25.4	25.4	12.5

从表5－8中的数据可以看出冬奥会北京市及张家口市基础设施投资分别创造的投资增量，运用本章节第二部分建立的GDP增量与投资增量的关系模型，来测算北京市、张家口市基础设施投资对当地GDP的拉动

效果，结果如表 5 –9 所示。

表 5 –9　北京市和张家口市基础设施建设对当地 GDP 的具体拉动效果 单位：亿元

地区＼年份	2015	2016	2017	2018	2019	2020	2021	总计
北京市	48.889	123.478	123.478	123.478	123.478	17.149	17.149	577.099
张家口市	22.918	22.918	22.918	27.797	27.797	17.865	15.834	158.047

表5 –9 中 GDP 增加值均为名义值，由于2014 年北京市的名义 GDP 和河北省的名义 GDP 分别为21331 亿元和29421 亿元，则大致可以得到2015—2021 年冬奥会基础设施投资对北京市和河北省 GDP 拉动的百分比（见表5 –10）。

表 5 –10　冬奥会基础设施建设对北京市和河北省 GDP 拉动的百分比

地区＼年份	2015	2016	2017	2018	2019	2020	2021	总计
北京市	0.23%	0.58%	0.58%	0.58%	0.58%	0.08%	0.08%	2.71%
河北省	0.08%	0.08%	0.08%	0.09%	0.09%	0.06%	0.05%	0.53%

通过上述讨论，可以得出结论冬奥会基础设施建设对北京市和河北省 GDP 的拉动效果存在差异，对北京的拉动作用达 2.71%，而对河北省的拉动作用为0.53%。这说明在冬奥会筹办过程中，冬奥会重视在北京市基础设施建设，而张家口市作为河北省的一部分，地区建设需要协同建设，因此基础设施建设的拉动作用相对较小。

总的来讲，冬奥会筹办过程中，场馆建设和基础设施建设对北京市和河北省 GDP 都有重要影响，两者共同拉动地区 GDP 增长，对北京市而言，前期直接和间接投入能够带动 GDP 增长 3.5%，对河北省而言，冬奥会前期投资能够带动 GDP 增长0.92%。投资对北京市的拉动作用比对河北省强，这主要是因为张家口市为河北省的一部分，其拉动作用有限。

2. 冬奥会中期

承办奥运会不仅能够带动地区基础设施建设，同时对旅游业会有重大影响。随着冬奥会的开展，相应配套措施的完善，北京市和河北省的旅游业都能得到一定程度的发展，尤其是冬奥会特有的冰雪产业，必将推动京冀两地冰雪产业配套设施的完善。在发展冰雪产业方面，张家口市正在建设高新区、宣化区 2 个冰雪产业园，截至 2018 年 12 月，张家口市先后引进 19 家知名冰雪装备制造企业注册落户，累计签约冰雪项目 25 个，总投资约 96 亿元；在发展冰雪活动方面，全市规划到 2025 年，将累计建成大型综合滑雪场 13 个、建设雪道 600 条、滑冰馆 3 个、冰雪特色小镇 20 个，全年接待能力将达到 2000 万人次。

对于京张两地而言，奥运年会带来旅游产业的井喷，将成为推动经济发展的中坚力量。结合 2008 年北京夏季奥运会的带动影响进行类比分析，2008 年北京奥运会带动当年旅游业收入翻一倍，据当时研究预测，2004—2007 年北京海外入境人数每年以较大幅度增长，增长幅度高于此前几年，高于在 2001 年编制的《北京奥运旅游行动规划》中的预测。2002 年 310 万人次，用了 5 年时间突破 400 万人次，增长到 435 万人次，预计 2008 年将达到 460 万人次。基于此类比分析，这里假设 2022 年冬奥会能够带来旅游收入增量比上一年翻一倍。以 2018 年北京市和河北省旅游业收入（北京市 5556.2 亿元，河北省 859.4 亿元）作为基准，结合旅游收入模型，可以得到 2022 年冬奥会北京市旅游业收入将带动 GDP 增长 13063 亿元，张家口市旅游业收入将带动 GDP 增长 5194.8 亿元。以 2018 年北京市和河北省的 GDP 为基准，名义 GDP 分别为 30800 亿元和 36000 亿元，经济增速为 6%，则 2022 年北京市和河北省 GDP 分别为 38900 亿元和 45400 亿元，北京市旅游收入增长占 GDP 的 14.28%，河北省旅游收入增长占 GDP 的 28.77%。这意味着冬奥会的举办对河北省具有重要影响，冬奥会成为助推北京市和张家口市区域旅游合作的强大动力，这有助于加快京张旅游发展融合和互补步伐，对张家口市旅游区域协同发展、旅游扶贫发展模式和人才建设等方面提出了建议策略，为张家口市旅游业抢抓机遇、发挥最大效益、实现可持续发展提供参考。

3. 冬奥会后期

冬奥会后期，举办城市和国家知名度提升的同时能够为其对外贸易注入新的生机与活力。冬奥会的举办会带动体育产业和相关旅游产业，尤其是冰雪产业的长期可持续发展，将成为主办城市新的经济增长点，这会影响北京市和河北省相应的产业结构变动。

通过 2008 年的旅游类比分析，可以得到冬奥会举办后 3 年，北京市和河北省旅游收入的变动情况，如表5－11所示。

表5－11　　北京市和河北省旅游收入增加金额年度分布　　单位：亿元

年份 地区	2023	2024	2025
北京市	337	328	0.0
河北省	66.59	64.35	0.0

结合旅游收入模型，可以得到北京市和河北省旅游收入带来的GDP增长情况，具体如表5－12所示。

表5－12　　北京市和河北省旅游收入带来的GDP增长金额　　单位：亿元

年份 地区	2023	2024	2025
北京市	792.3544	771.1936	0.0
河北省	402.5166	388.9765	0.0

以上文预测出的2022年北京市和河北省GDP值为标准，两者GDP值分别为38900亿元和45400亿元，则可以得到旅游收入带来的GDP增长百分比，具体如表5－13所示。

表5－13　　北京市和河北省旅游收入带来的GDP增长百分比

年份 地区	2023	2024	2025	总计
北京市	2.04%	1.98%	0.0	4.02%
河北省	0.89%	0.86%	0.0	1.75%

由表5－13可以看出，在冬奥会结束后，冬奥会带来的宣传效应将持续影响北京市和河北省的旅游业，2023—2025年旅游业同样能够带动北京市和河北省GDP增长4.02%和1.75%。总的来讲，冬奥会后期对北京市的带动作用比对河北省的影响更为明显，这可能是由于北京市作为首都，具有极强的知名度，而冬奥会带来的北京市冰雪产业的发展与北京市良好的配套措施，使其旅游业与基础设施的协同作用更强。

（五）冬奥会对京冀地区部分产业的冲击度评价

在上一章节中，通过投资与经济增长模型的构建证明了冬奥会投资能够拉动相关产业发展，产生“乘数效应”。与此同时，冬奥会投资在一定程度上会挤占其他产业的投资，使得资本在产业间的分布受到外生干扰，可能对国民经济产生不利影响，因此需要在冬奥会情景和无冬奥会情景中对各个行业的发展状况做分析。考虑到国民经济各个产业之间的完全关联关系，冬奥会不仅会对直接相关的产业，如旅游业、基础设施、交通运输等，还将通过产业间的上下游关系间接影响特定产业，如服务业、批发零售业、信息传输等行业。根据本文的模型设定，本文通过 CGE 模型对 42 个产业部门的总需求和总供给状况进行分析，得到相关的分析结论。

1. 模型模拟情景设计

为进一步说明在有无冬奥会两种情景下，京冀地区的 GDP 和部分产业的具体变化情况，本文从 42 个产业部门中选择 8 个主要行业，得到两种情景下的比较结论。8 个行业包括建筑业，交通运输及仓储邮政业，住宿和餐饮业，信息传输、计算机服务和软件业，批发与零售贸易业，房地产业，金融业和租赁和商务服务业。具体数据见附录 C。

考虑到北京市和张家口市对地区带来的经济影响有所差异，本部分将以 CGE 模型中广泛运用的比较静态分析方法进行实证模拟。通过比较基期年数据和政策参数变化后的模型解，就可以对比分析假设的政策变化结果。假设模型中的经济处于一个在给定政策框架下的一般均衡状态，以 2012 年京冀地区的产业数据为基准计算模型中的各参数值，生成标定年的数据，通过比较京冀地区 8 个主要产业在举办冬奥会和无冬奥会情景下的总值变化，来评价冬奥会对京冀地区重要产业的冲击度。

先设计一个没有冬奥会的基准情景。假设京冀地区的经济保持以往的增长趋势，由冬奥会引发的直接投资和前期展开的间接投资尚未发生；随后设计有冬奥会的情景。假设冬奥会的投资计划会进行，同时假定在 2012—2024 年，与旅游关联的第三产业外部需求在基准的基础上逐年递增。

需要明确的是，不同的融资模式对模拟的冬奥会投资结果产生一定的影响。如果政府是投资的主体，一方面有可能挤占部分国内其他地区的中央投资，减少其他地区的发展机遇；另一方面有可能诱使地方政府的投资集中于某些领域，减少其他行业的发展机会，而且还可能造成财政赤字。另外，如果以发行债券的方式向企业或公众筹集资金，则有可能挤占公众的一部分消费。模型情景描述如表 5 – 14 所示。

表 5 – 14　　模型情景描述

情景	描述
无冬奥会情景	地区 GDP 增长速度外生，假设仍维持在过去五年平均水平 全要素生产率（TFP）内生 没有冬奥会直接投资和新增的间接投资 存贷差保持不变
冬奥会情景	全要素生产率（TFP）以基准情景中确定的内生增长速度增长 以政府投资和市场化筹资相结合进行冬奥会投资 中央政府投资因冬奥会举办，其在各地区的投资有所改变 存贷差因冬奥会投资而有所改变 2012—2024 年，外部有效需求持续增加

2. 冬奥会经济对北京市部分产业的冲击度评价分析

（1）冬奥会对北京市建筑业的影响分析

根据举办冬奥会情景与无冬奥会情景中北京市建筑业的生产总值（具体数据见附录 C 表 12、表 13）得到图 5 – 5。2012 年北京市建筑业 GDP 为 1984.613 亿元。由图 5 – 5 可知，在冬奥会情景与无冬奥会情景下，北京市建筑业的国内生产总值在 2012—2022 年均呈现增长态势，冬奥会情景下的 GDP 的增长速度略高于无冬奥会情景。2020 年冬奥会情景下北京市建筑业的 GDP 比无冬奥会情景下高 317.10 亿元。同时，根据本文模型模拟结果，冬奥会情景下 2020 年北京市建筑业将出现 GDP 的小幅度增长，尽管无冬奥会情景下 2022 年后北京市建筑业 GDP 仍在增长，但未观察到此趋势。

总体而言，冬奥会对北京市建筑业增长的积极影响主要集中在冬奥会前期（筹办期）。在冬奥会后期，冬奥会对北京市建筑业增长的促进作用不明显；与此同时，冬奥会对北京建筑业的冲击效应首先体现为促进北京市建筑

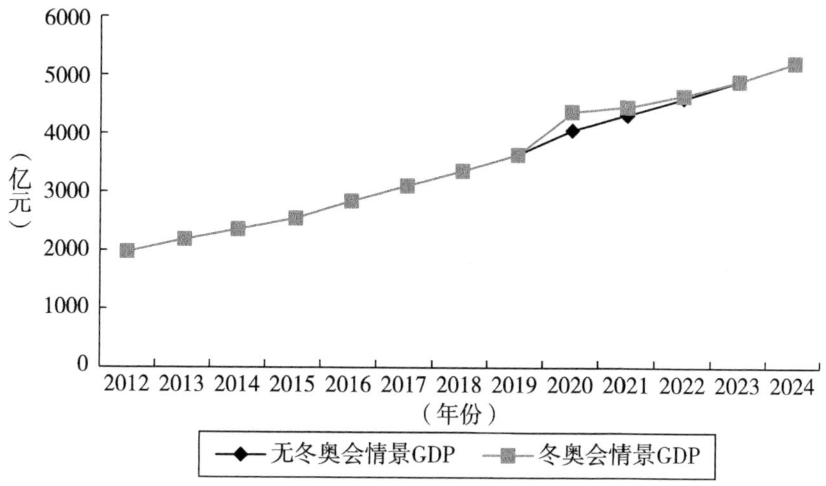

图 5－5　有无冬奥会情景对北京市建筑业 GDP 的影响

产业 GDP 增长率。模型模拟冬奥会对北京市建筑业的冲击效应与 2008 年北京奥运会的影响效应一致，从前人的文献研究中可以看出，2008 年北京奥运会建设投资对北京市建筑产业有较大拉动作用，其中，2001—2007 年北京市建筑业总产值增长率均超过 15% 。

同时，根据雅典、悉尼、巴塞罗那和亚特兰大等历史冬奥会经济数据分析可以看出，奥运会后期阶段，举办地的建筑业总产值、产品价格（房价）均呈现出下降趋势。因此，虽然模型模拟结果表明北京市冬奥会对当地建筑业在冬奥会后期阶段并无负面影响，在建筑业投资上，相关政策应积极减少冬奥会后期对建筑业可能产生的负面影响。总体来看，冬奥会对北京市建筑业冲击总体影响较小，其影响主要集中在前期，在冬奥会后期对建筑业的促进作用不明显。

（2）冬奥会对北京市交通运输、仓储和邮政业的影响分析

根据举办冬奥会情景与无冬奥会情景中北京市交通运输、仓储和邮政业的生产总值增长（具体数据见附录 C 表 12、表 13）得到图 5－6。2012 年北京市交通运输、仓储和邮政业 GDP 为 1555.508 亿元。据图 5－6 可知，冬奥会情景与无冬奥会情景下交通运输、仓储和邮政业 GDP 均呈现明显的上升趋势，不过冬奥会的举办将增加对该产业的需求，这使得冬奥运会情景下交通运输、仓储和邮政业的 GDP 变动与无冬奥会情景下有所不同。

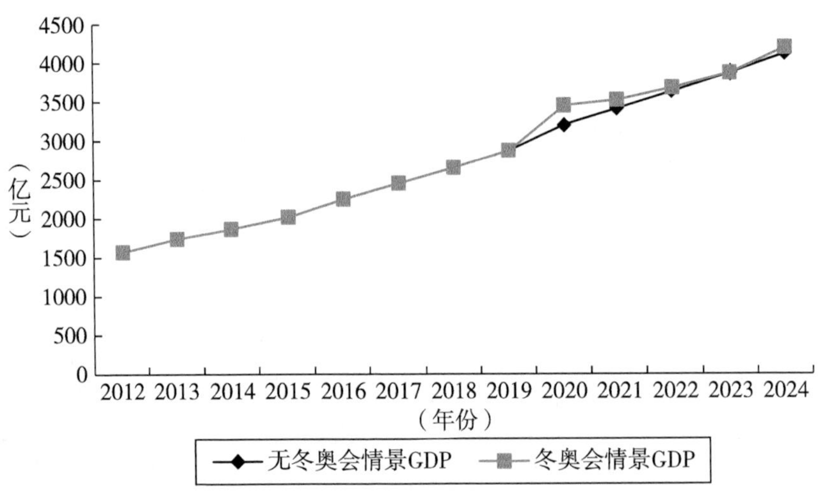

图 5－6　有无冬奥会情景对北京市交通运输、仓储和邮政业 GDP 的影响

根据模型模拟结果可以看出，在冬奥会情景下，北京市交通运输、仓储和邮政业在冬奥会前期、中期的 GDP 增长率将显著高于无冬奥会情景，冬奥会对北京市交通运输、仓储和邮政业的冲击效应明显，而且，这一积极影响持续到冬奥会后期。从模型模拟结果来看，北京市交通运输、仓储和邮政业 GDP 在 2020 年差距最大，其在冬奥会情景下比无冬奥会情景下高出 248.537 亿元。此后，在无冬奥会情景和冬奥会情景下，北京市交通运输、仓储和邮政业的 GDP 仍持续增长，直到 2024 年冬奥会情景下北京市交通运输、仓储和邮政业 GDP 仍然大于无冬奥会情景下，高出 74.962 亿元。总的来看，冬奥会的举办会明显增加对交通运输、仓储和邮政业的需求，对产业的正向冲击效果明显。

（3）冬奥会对北京市住宿和餐饮业的影响分析

根据举办冬奥会情景与无冬奥会情景中北京市住宿和餐饮业的生产总值的预测（具体数据见附录 C 表 12、表 13）得到图 5－7。2012 年北京市住宿和餐饮业的 GDP 为 590.020 亿元。据图 5－7 可知，在无冬奥会情景下北京市住宿和餐饮业 GDP 呈现持续上升趋势，不过冬奥会的举办将影响该产业的需求，这使得冬奥会情景下该产业的 GDP 变动与无冬奥会情景下有所不同。根据模型模拟结果显示，在冬奥会情景下，该产业在冬奥会前期、中期的 GDP 增长率将显著高于无冬奥会情景，冬奥会对北京市住宿和餐饮业的正向冲击效应明显，该行业 GDP 在 2022 年达到峰值，比同年无冬奥会情景下北京市住宿和餐饮业的 GDP 高出 106.927 亿元。

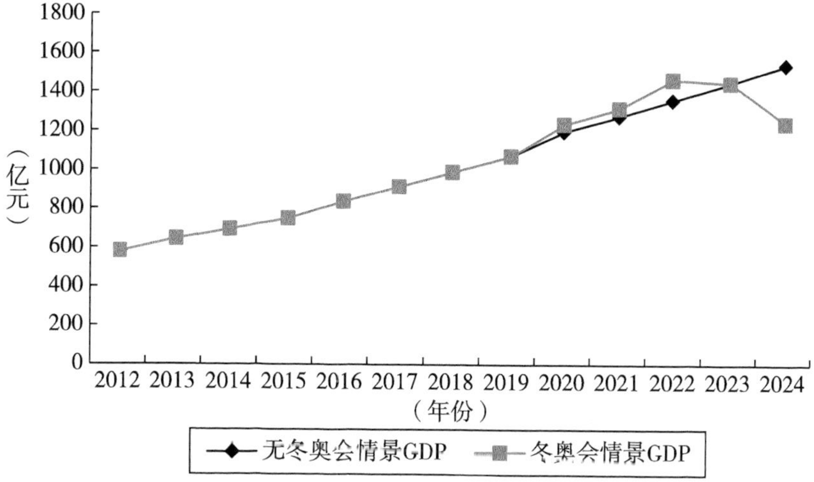

图 5-7　有无冬奥会情景对北京市住宿和餐饮业 GDP 的影响

但是，这一积极影响在冬奥会后期转变为消极冲击，2023—2024 年，北京市住宿和餐饮业的 GDP 呈现明显下降趋势。根据本文模型模拟结果，北京市住宿和餐饮业的 GDP 在 2024 年差距最大，在冬奥会情景下该产业的 GDP 比无冬奥会情景下将低出 300.987 亿元。这说明在住宿和餐饮业上，政府应更加重视冬奥会后期对该行业的负面影响，以维持前期的积极影响。总的来看，冬奥会的前期、中期对北京市住宿和餐饮业的正向冲击效果明显，但在冬奥会后北京市住宿和餐饮业的需求呈下降趋势。

（4）冬奥会对信息传输、计算机服务和软件业的影响分析

根据举办冬奥会情景与无冬奥会情景中北京市信息传输、计算机服务和软件业的生产总值（具体数据见附录 C 表 12、表 13）得到图 5-8。2012 年北京市信息传输、计算机服务和软件业的 GDP 为 1537.628 亿元。据图 5-8 可知，无冬奥会情景北京市信息传输、计算机服务和软件业 GDP 呈现持续上升趋势，冬奥会的举办将影响该产业的需求，这使得在冬奥会情景下，信息传输、计算机服务和软件业的 GDP 变动与无冬奥会情景下有所不同。

根据模型模拟结果，在冬奥会情景下，北京市信息传输、计算机服务和软件业 GDP 增长率均显著高于无冬奥会情景，冬奥会对该产业的正向冲击效

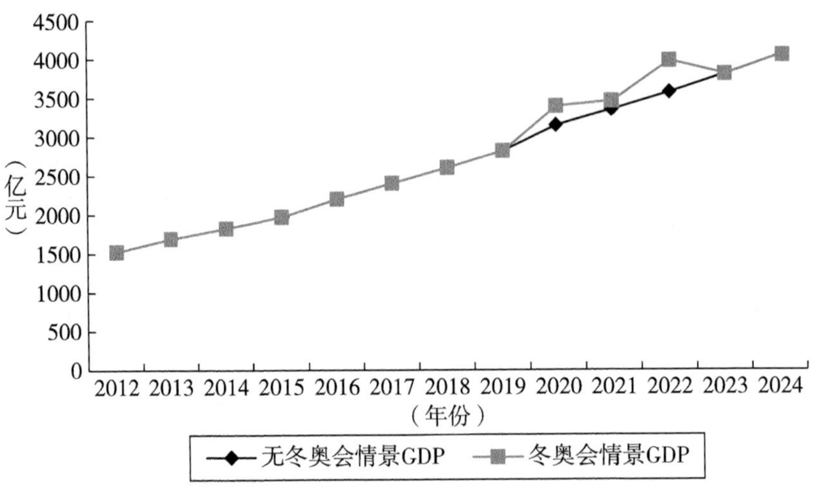

图5－8　有无冬奥会情景对北京市信息传输、计算机服务和软件业GDP的影响

应明显，但变动趋势与无冬奥会情景下的变动不同。

在冬奥会举办前期，北京市信息传输、计算机服务和软件业经历持续的上升后达到2020年的3395.431亿元，比无冬奥会情景下高出245.68亿元，而后增速有所下降，但仍高于无冬奥会情景下的生产总值，到2022年上升到3976.221亿元，此时与无冬奥会情景下的生产总值的差距最大，高出403.695亿元。这说明在冬奥会前期和中期，冬奥会的相关信息需要在一定程度上传播和扩散，这使得冬奥会对信息传输、计算机服务和软件业服务的需求增长带来较大的影响，而在奥运会举办结束后，冬奥会对该产业的影响不够显著。总的来看，冬奥会前期和中期由于宣传的需求，会对北京市信息传输、计算机服务和软件业产生明显的正向冲击效应，但冬奥会后期，该产业的变化不显著。

（5）冬奥会对北京市批发和零售业的影响分析

根据举办冬奥会情景与无冬奥会情景中北京市批发和零售业的生产总值（具体数据见附录C表12、表13），可以得到图5－9。2012年北京市批发和零售贸易业的GDP为1895.216亿元。据图5－9可知，无冬奥会情景北京市批发和零售业的GDP呈现持续上升趋势，冬奥会的举办将影响该产业的需求，这使得冬奥会情景下批发和零售业的GDP变动与无冬奥会情景下有所不同。根据模型模拟结果，在冬奥会情景下，北京市批发和零售贸易业，在冬奥会前期的 GDP 增长率将显著高于无冬奥会情景，冬奥会对该产业的正向冲击效应明显，并且在 2020 年达到峰值，比无冬奥会情景下该产业的 GDP 高出 302.815 亿元。

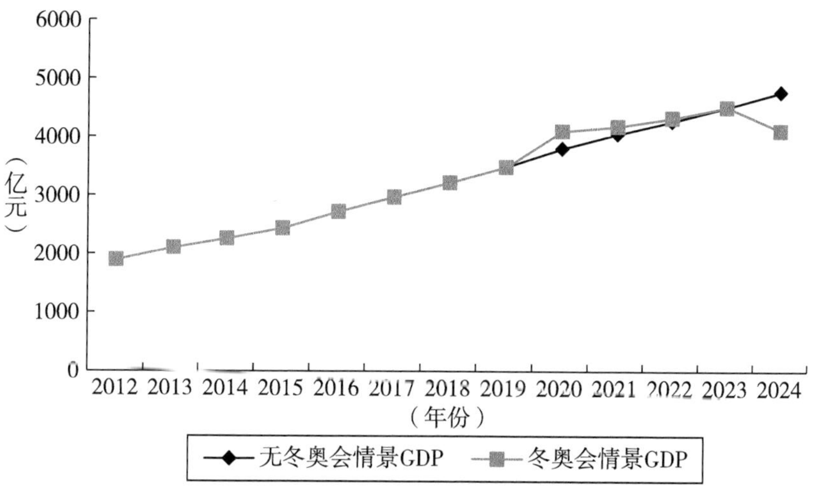

图 5－9　有无冬奥会情景对北京市批发和零售业 GDP 的影响

但是，这一积极影响在冬奥会后期转变为消极冲击，在 2023—2024 年，北京市批发和零售业的 GDP 呈现明显下降趋势。根据本书模型模拟结果显示，北京市批发和零售业的 GDP 在 2024 年差距最大，在冬奥会情景下该产业的 GDP 比无冬奥会情景下低 659.636 亿元。这说明政府应更加重视冬奥会后期对该行业的负面影响，以稳定前期的积极影响。这主要是因为冬奥会的正向拉动作用主要在于通过对奥运相关产品、生活必需品、中国传统文化商品等的品牌宣传，扩大周边产品的销售，使得批发和零售业产值有显著增长，而随着冬奥会热度的下降，冬奥会所带来的品牌效应将趋于消减，批发和零售贸易业产值增长不明显。总的来看，冬奥会对北京市批发和零售业的正向冲击效应主要体现在筹备期与举办期，政府需重视冬奥会后期对该行业的负面影响，以稳定前期的积极影响。

（6）冬奥会对北京市金融业的影响分析呈正向冲击效应

根据有无冬奥会情景中北京市金融业的生产总值（具体数据见附录 C 表 12、表 13）得到图 5－10。2012 年北京市金融业的 GDP 为 1966.734 亿元。据图 5－10 可知，无冬奥会情景下北京市金融业的 GDP 呈现持续上升趋势，而冬奥会对该产业 GDP 的增长影响主要体现在 2022 年及以后。模型模拟结果显示，冬奥会情景下，北京市金融业 GDP 在 2022 年达到高值，为 5131.56 亿元，与无冬奥会的情景相比，高出 562.05 亿元。这可能是因为在一定程度上冬奥会举办时国内外运动员与游客会促进意外伤害保险的需求上升，由此带动该行业在 2022 年出现明显增长。在冬奥会举办后，新建的场馆和品牌拉动效应还将持续推动地区旅游业的发展，进而促进资金流动，带来金融业的发展。总的来说，冬奥会对北京市金融业呈正向冲击效应。

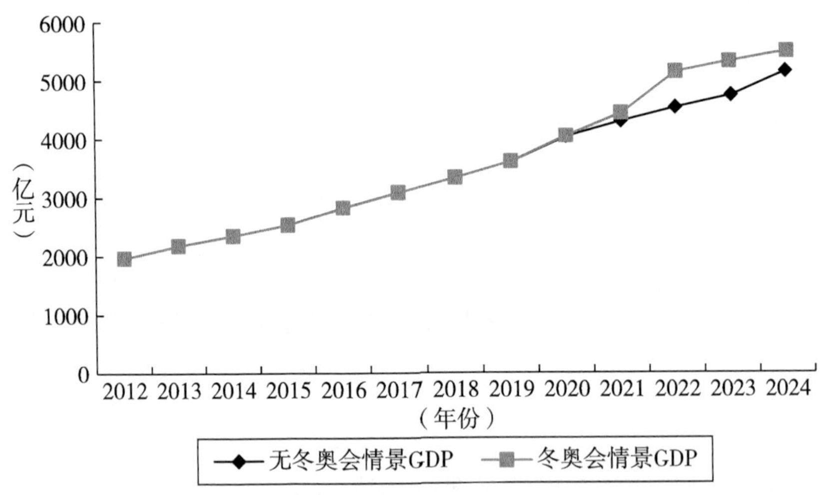

图 5-10　有无冬奥会情景对北京市金融业 GDP 的影响

（7）冬奥会对房地产业的影响分析

根据有无冬奥会情景中北京市房地产业的生产总值（具体数据见附录 C 表 12、表 13）得到图 5-11。2012 年北京市房地产业的 GDP 为 1037.005 亿元。据图 5-11 可知，无冬奥会情景下北京市房地产业的 GDP 呈现持续上升趋势，而冬奥会对该产业 GDP 的增长影响主要体现在 2020 年，其 GDP 比无冬奥会情景下高出 165.692 亿元。这说明，在冬奥会前期，冬奥会成为北京市房地产业发展的良好契机，会产生很强的推动作用。

但是冬奥会的正面冲击效果未能持续多期，在 2021—2023 年，冬奥会情景下房地产业的 GDP 逐渐回落，直到 2024 年与无冬奥会情景下房地产的 GDP 无明显差异。这可能是因为冬奥会对房地产业影响最明显的是房价得到较大的提升。北京市冬奥会建设投资并不会对由全国总体发展决定的房价水平产

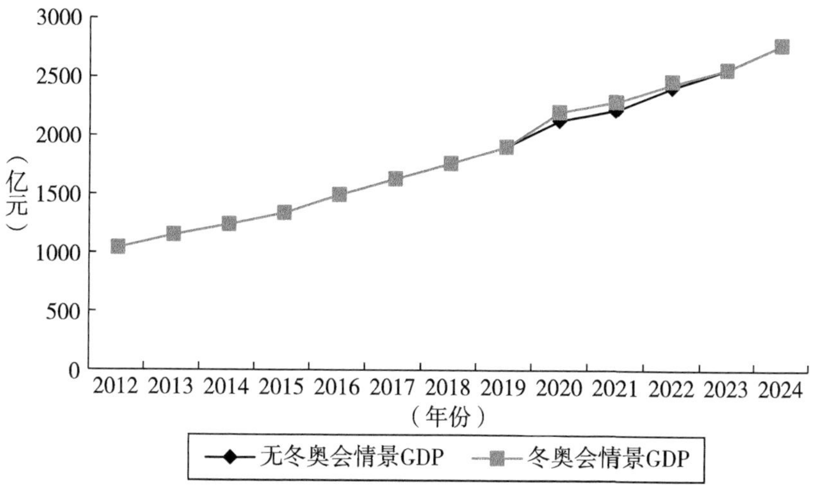

图 5-11　有无冬奥会情景对北京市房地产业 GDP 的影响

生长久的拉动作用，其影响主要是体现在价格的变动上，因此在冬奥会前期有大量资金涌入房地产业，大幅增加北京市房地产行业的 GDP。这一模拟结果与其他冬奥会举办国一致。在悉尼冬奥会前后期间，当地房价每年增长 10%，一些重点地区甚至达到 30%。总的来说，冬奥会对房地产的推动作用在筹备期表现显著，其正向效应一直持续到冬奥会举办当年，其影响主要体现在房价的提升上。

（8）冬奥会对北京市租赁和商务服务业的影响分析

根据举办冬奥会情景与无冬奥会情景中北京市租赁和商务服务业的生产总值（具体数据见附录 C 表 12、表 13）得到图 5-12。2012 年北京市租赁和商务服务业的 GDP 为 1215.799 亿元。据图 5-12 可知，无冬奥会情景和举办冬奥会情景下，北京市租赁和商务服务业的 GDP 均呈现持续上升趋势。模型模拟结果表明，冬奥会对该产业 GDP 具有一定影响，但影响效果相较于其他产业而言尚不明显。这可能与冬奥会的商务服务主要局限在北京市和张家口市有关，北京市的经济规模所占比重相对较小，尽管对于北京市租赁和商务服务业具有一定拉动作用，但总体推动作用还是较弱。总的来看，冬奥会对北京市租赁和商务服务业影响效果不明显。

总的来讲，在冬奥会情景和无冬奥会情景下，北京市 8 个主要产业的生产总值变动存在差异，这主要是因为 8 个产业的生产特性有所不同，由于产

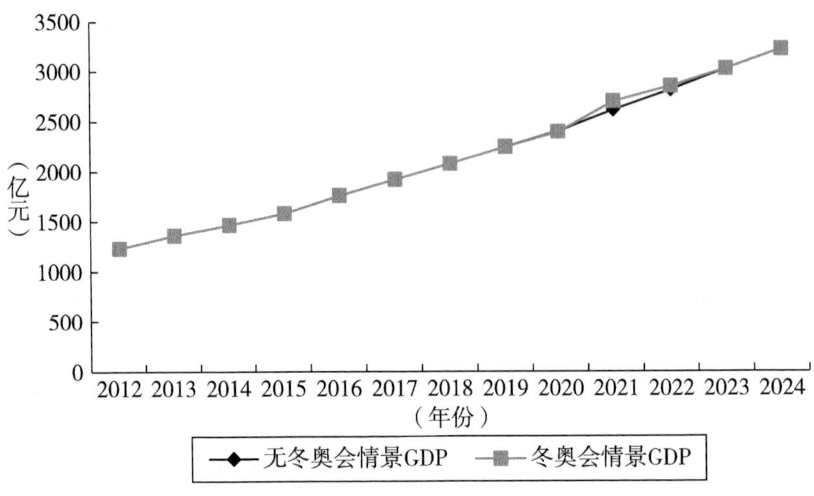

图 5－12　有无冬奥会情景对北京市租赁和商务服务业 GDP 的影响

业之间的辐射效应，冬奥会对住宿餐饮、房地产、交通运输等行业的当期拉动作用较为明显，但考虑到这些行业的增长均属一次性增长，并不具有持续性，因此，政府在推动基础设施建设的同时更要注重优化资源配置，减少无效和不可持续的投资，节俭办奥运。

3. **冬奥会经济对河北省部分产业的冲击度评价分析**

（1）冬奥会对河北省建筑业的影响分析

根据举办冬奥会情景与无冬奥会情景中河北省建筑业的生产总值（具体数据见附录 C 表 14、表 15）得到图 5－13。2012 年河北省建筑业 GDP 为 2684.76 亿元。据图 5－13 可知，在冬奥会情景与无冬奥会情景下，河北省建筑业的国内生产总值在 2012—2022 年均增长，冬奥会情景下的 GDP 的增长速度略高于无冬奥会情景。根据模型模拟结果，2020 年在冬奥会情景下河北省建筑业的 GDP 比无冬奥会情景下将高 118.416 亿元，同时，2022 年冬奥会情景下河北省建筑业 GDP 将高出无冬奥会情景下 64.78 亿元。总体而言，冬奥会对河北省建筑业增长的积极影响主要集中在冬奥会前期。在冬奥会后期，冬奥会对该产业的促进作用不明显。相较于北京市的变动，冬奥会对河北省建筑业的冲击效应相对较小。这主要是因为冬奥会的举办城市在张家口市，而该地的经济体量与河北省总体的经济相比还是偏小，冬奥会对张家口以及其周边的拉动效果能够对河北省建筑业具有一定促进效果，奥运经济对其影响并不大，因此冬奥会情景下河北省建筑业 GDP 增长率仅略高于无冬奥会情景下。总的来说，冬奥会对河北省建筑业增长的积极影响主要集中在冬奥会前期，在后期的促进作用不明显。相较于北京市而言，冬奥会对河北省建筑业的冲击效应相对较小。

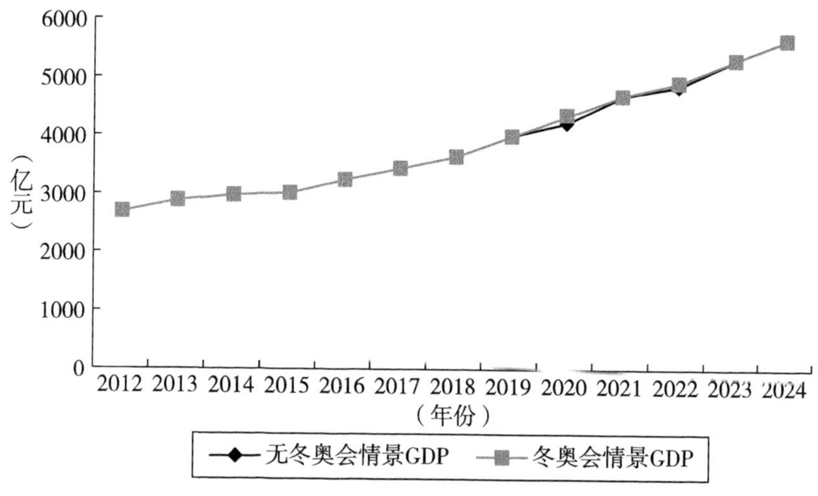

图 5－13　有无冬奥会情景对河北省建筑业 GDP 的影响

（2）冬奥会对河北省交通运输、仓储和邮政业的影响分析

根据有无冬奥会情景中河北省交通运输、仓储和邮政业的生产总值（具体数据见附录 C 表 14、表 15）得到图 5－14。2012 年河北省交通运输、仓储和邮政业的 GDP 为 2338.601 亿元。据图 5－14 可知，在有冬奥会情景与无冬奥会情景下，交通运输、仓储和邮政业 GDP 均呈现明显的上升趋势，不过冬奥会的举办将增加对该产业的需求，这使得冬奥运会情景下交通运输、仓储和邮政业的 GDP 变动与无冬奥会情景下有所不同。根据模型模拟结果，在冬奥会情景下，河北省交通运输、仓储和邮政业在冬奥会前期及中期的 GDP 增长率将高于无冬奥会情景，尤其在 2022 年，即冬奥会中期，对该产业的正向冲击效应最为明显。

从图 5－14 可以看出，河北省交通运输、仓储和邮政业的 GDP 在 2022 年差距最大，在冬奥会情景下该产业的 GDP 比无冬奥会情景下将高 290.609 亿元。这主要是因为，在冬奥会举办前期，张家口市邻近地区为配合建设冬奥会基础措施，要通过交通运输运送大量原材料，同时对省外原材料和相应设

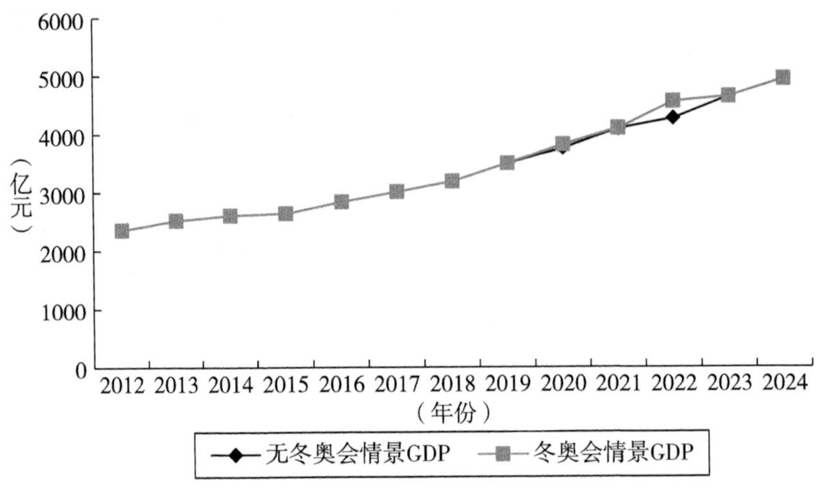

图5-14　有无冬奥会情景对河北省交通运输、仓储和邮政业 GDP 的影响

备的需求量增加，这促进了河北省的省内和省外交通运输需求。而在冬奥会举办期间，张家口市将吸引世界各地的运动员和游客来到河北省内，带动省内其他景点旅游和冰雪产业的发展，这也拉动了河北省交通运输、仓储和邮政业的生产总值。

（3）冬奥会对河北省住宿和餐饮业的影响分析

根据举办冬奥会情景与无冬奥会情景中河北省住宿和餐饮业的生产总值（具体数据见附录 C 表 14、表 15）得到图 5-15。2012 年河北省住宿和餐饮业的 GDP 为 425.200 亿元。据图 5-15 可知，无冬奥会情景下的河北省住宿和餐饮业 GDP 呈现持续上升趋势，不过冬奥会的举办将影响张家口市住宿和餐饮业的需求，进而对河北省住宿和餐饮业有所推动，这使得冬奥运会情景下该产业的 GDP 变动与无冬奥会情景下有所不同。根据模型模拟结果，在冬奥会情景下，河北省住宿和餐饮业，在冬奥会前期、中期的 GDP 增长率将略高于无冬奥会情景，冬奥会的正向冲击效应在 2022 年最为明显，比无冬奥会情景下的 GDP 高出 26.573 亿元。

但是，这一积极影响在冬奥会后期逐渐消失。这主要是由于外国运动员和游客在冬奥会期间的消费对当地以及周边地区的住宿和餐饮行业具有一定促进作用，不过该影响为短期影响。冬奥会后期，两种情景下的 GDP 的增长率基本一致。总的来看，冬奥会对河北省住宿和餐饮业的正向冲击效应主要

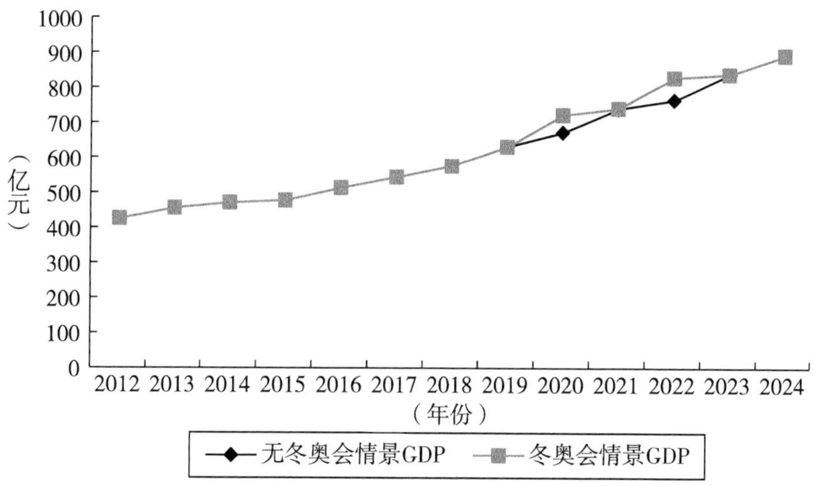

图 5－15　有无冬奥会情景对河北省住宿和餐饮业 GDP 的影响

体现在冬奥会中期，冬奥会后期对该产业的影响不显著。

（4）冬奥会对河北省信息传输、计算机服务和软件业的影响分析

根据举办冬奥会情景与无冬奥会情景中河北省信息传输、计算机服务和软件业的生产总值（具体数据见附录 C 表 14、表 15）得到图 5－16。2012 年河北省信息传输、计算机服务和软件业的 GDP 为 345.475 亿元。据图 5－16 可知，无冬奥会情景下河北省信息传输、计算机服务和软件业 GDP 呈现持续上升趋势，冬奥会的举办将影响该产业的需求，这使得在冬奥运会情景下的 GDP 变动与无冬奥会情景下有所不同。

根据模型模拟结果，在冬奥会情景下，2022 年河北省信息传输、计算机服务和软件业 GDP 增长率显著高于无冬奥会情景，冬奥会的正向冲击效应明显。这说明在冬奥会前期和中期，冬奥会对张家口市乃至河北省的信息传输、计算机服务和软件业的需求增长带来较大的影响，但是因辐射区域范围有限，冬奥会对整个河北省信息传输、计算机服务和软件业的影响不够显著。

（5）冬奥会对河北省批发和零售业的影响分析

根据举办冬奥会情景与无冬奥会情景中河北省批发和零售业的生产总值（具体数据见附录 C 表 14、表 15）得到图 5－17。2012 年河北省批发和零售业的 GDP 为 1195.875 亿元。据图 5－17 可知，在无冬奥会情景和冬奥会情景下，河北省批发和零售贸易业的 GDP 均呈现持续上升趋势。冬奥会的举办将

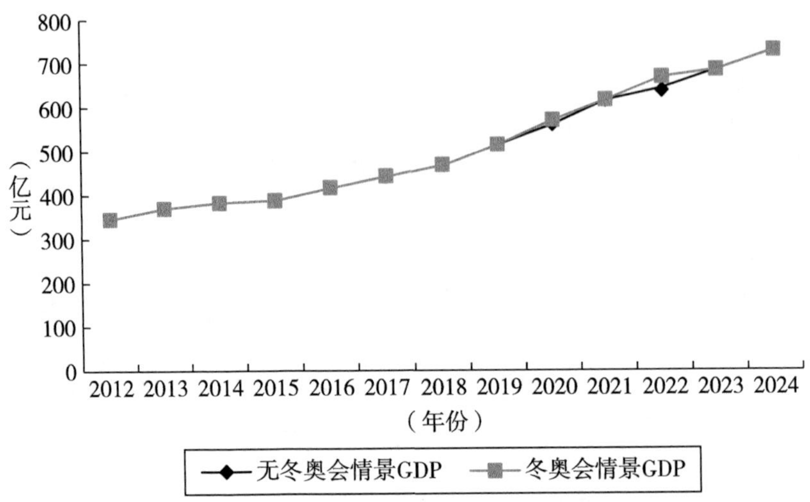

图 5－16　有无冬奥会情景对河北省信息传输、计算机服务和软件业 GDP 的影响

影响该产业的需求，这使得冬奥运会情景的 GDP 变动略高于无冬奥会情景下。

根据模型模拟结果，在冬奥会情景下，2020 年河北省批发和零售业与比无冬奥会情景下该行业的生产总值差距最大，为 35.233 亿元。尽管冬奥会对河北省的该行业产值有一定带动作用，但就总体差距而言，该行业产值在冬奥会前期及中期的增幅只是略微高于无冬奥会的情景水平。

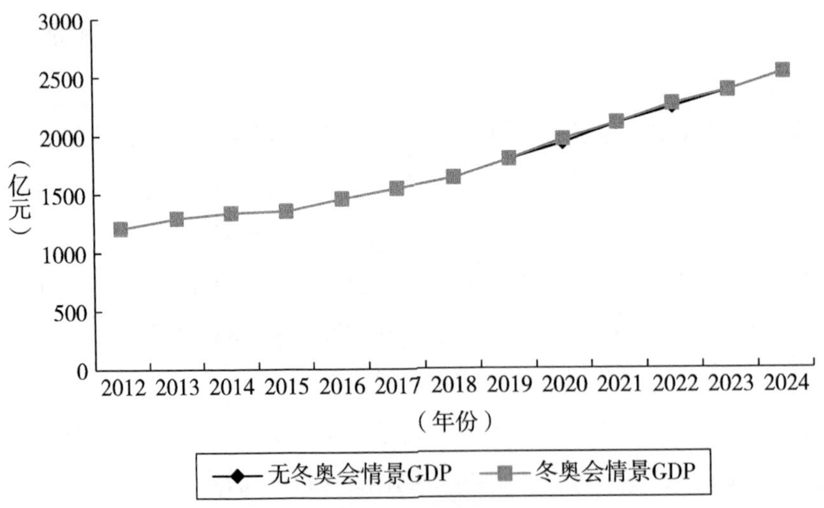

图 5－17　有无冬奥会情景对河北省批发和零售业 GDP 的影响

（6）冬奥会对河北省金融业的影响分析

根据举办冬奥会情景与无冬奥会情景中河北省金融业的生产总值（具体数据见附录 C 表 14、表 15）得到图 5－18。2012 年河北省金融业的 GDP 为 850.400 亿元。据图 5－18 可知，两种情景下河北省批发和零售贸易业的 GDP 都呈现持续上升趋势，而冬奥会对该产业 GDP 的增长影响主要体现在 2022 年。

模型模拟结果显示，冬奥会情景下，河北省金融业 GDP 在 2022 年为 1672.981 亿元，与无冬奥会的情景相比，高出 94.191 亿元。这可能是因为冬奥会举办时，国内外运动员与游客的意外伤害保险需求增加，进而促进该产业 GDP 的上升，但是该影响并未能够推动河北省金融业产值出现大幅度上升。总体上看，冬奥会对河北省金融业的拉动作用不明显。

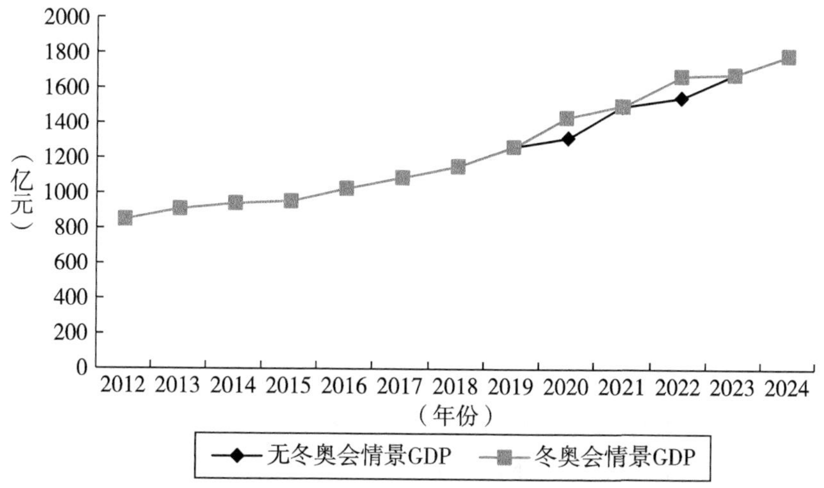

图 5－18　有无冬奥会情景对河北省金融业 GDP 的影响

（7）冬奥会对河北省房地产业的影响分析

根据举办冬奥会情景与无冬奥会情景中河北省房地产业的生产总值（具体数据见附录 C 表 14、表 15）可得到图 5－19。2012 年河北省房地产业的 GDP 为 611.225 亿元。据图 5－19 可知，有无冬奥会情景中河北省房地产的 GDP 均呈现持续上升趋势，而冬奥会对该产业 GDP 的增长影响主要体现在 2020 年，比无冬奥会情景下高出 18.008 亿元，但是该影响相较于河北省的经济体量而言并不明显。因此，尽管冬奥会对河北省的房地产有一定带动作用，但该行业产值在冬奥会前期及中期的增幅只是略微高于无冬奥会的情景水平，影响并不明显。

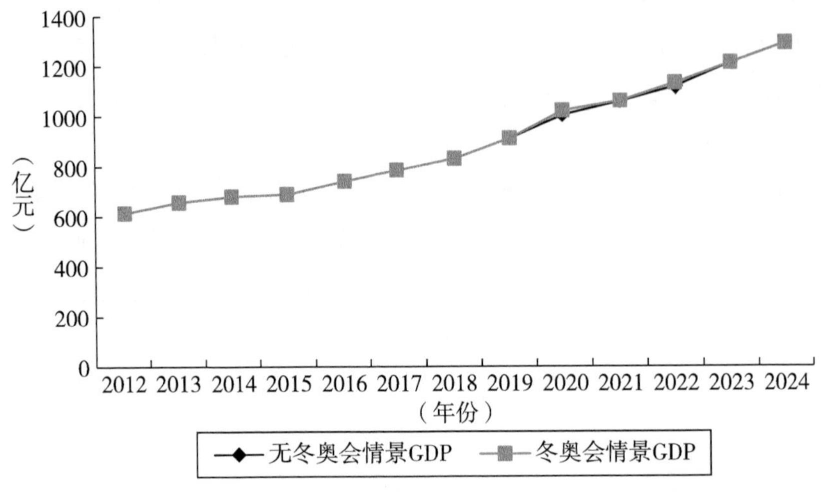

图 5－19　有无冬奥会情景对河北省房地产业 GDP 的影响

（8）冬奥会对河北省租赁和商务服务业的影响分析

根据举办冬奥会情景与无冬奥会情景中河北省租赁和商务服务业的生产总值（具体数据见附录 C 表 14、表 15）得到图 5－20。2012 年河北省租赁和商务服务业的 GDP 为 239. 175 亿元。据图 5－20 可知，有无冬奥会情景下河北省租赁和商务服务业的 GDP 均呈现持续上升趋势。模型模拟结果表明，冬奥会对河北省租赁和商务服务业 GDP 具有微弱影响。这可能与冬奥会的商务服务主要局限在张家口市有关，相较于河北省的经济规模，张家口市的经济规模所占比重相对较小，尽管对于张家口市租赁和商务服务业具有一定拉动作用，但总的推动还不是很明显。

总的来讲，在冬奥会情景和无冬奥会情景下，河北省 8 个主要产业的生产总值变动存在差异，这主要是因为 8 个产业的生产特性、辐射范围和影响效果有所不同。冬奥会对河北省交通运输、住宿餐饮、信息传输、计算机服务和软件业等行业的拉动作用较为明显，但考虑到这些行业的增长均属一次性增长，并不具有持续性。因此，地方政府仍旧要考虑寻找并发展具有自身特色的经济增长点，而不是仅局限于发挥大型活动的拉动效果。

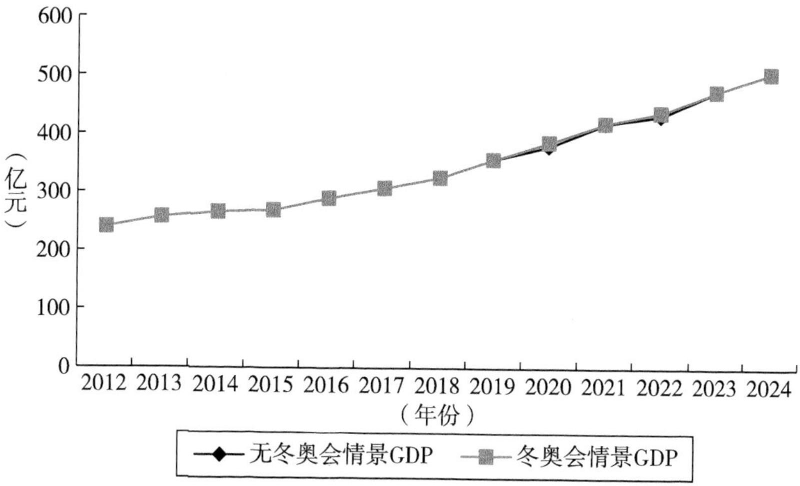

图 5－20　有无冬奥会情景对河北省租赁和商务服务业 GDP 的影响

SIX —— 六

结论与展望

（一）研究结论

本书在对国内外重要节事活动经济影响的研究方法进行总结和分析后，针对北京市与河北省近年来经济发展的特点，对 CGE 模型进行了修改，建立起一个用于分析北京—张家口冬奥会经济的静态 CGE 模型，并对京冀地区整体的产业变动进行了分析预测。接下来建立投资与经济增长模型，对赛事举办的各个阶段中，冬奥会直接投资对举办地区带来的 GDP 增长进行了预测分析，为冬奥会直接投资对北京市与河北省经济产生的影响进行了进一步预测。通过对可得到的数据进行建模分析后，得到以下结论。

1. 京冀不同区域经济发展各有特色，需根据城市功能定位制定差异性政策，促进产业结构的优化与升级

基于北京市战略定位，坚持和强化首都“四个中心”的核心功能，北京市做出很大调整，产业结构不断优化。在过去的十年里，除了以工业、服务业等为主的第二、第三产业发生了结构性变化，以农林牧渔业为主的第一产业虽然在北京市经济总体中占比较小，但其内部也进行了结构性调整。总体来看，第一、第二产业占比继续缩小，第三产业占比则不断提高。这是一个城市转型时期的特点，即由城市建设规模扩张向城市发展质量提升转变，由粗放式的城市管理向精细化的城市管理转变。因此，这个阶段既有工业化社会的部分特征，又有后工业化社会的部分特征。由于存在发展的不平衡性，需要分领域来看待这个阶段的发展特征和减量发展的必要性。

而从河北省产业结构分析来看，制造业高新不高端，优势延伸不明显；服务业亮点不突出，要素支撑不匹配，效率及效益有待提高。通过分析可以看出，虽然河北制造业实力较强，但总体而言，制造业高新不高端的问题依然存在。一些高新技术产业长期从事的只是其产业链中附加值较低的代工制造环节，如研发制造和渠道销售等高级化产业基本集中在外资企业。同时，服务业不高端是河北省经济结构发展中的突出问题。

考虑到北京市和河北省的资源、消费结构及经济发展水平存在显著差异，因此相同的政策对二者的影响差异也很大，研究建立冬奥会 CGE 模型对评价分析冬奥会经济的影响将更有意义。需以“整体目标”为基础制定不同省域间的差异性政策，以促进整体资源要素合理流动，真正实现不同区域的相互优势互补，实现区域协调共赢的可持续发展，即针对北京市和河北省的定位制定适合的产业结构，尤其是对河北省第二产业占比过高的情况需要更加重视。

2. 京冀地区有些行业可以做优做强

以模型中最终产出大小为序进行排列，供给模型得出的北京市排名前五的产业部门依次为：建筑，金融，批发和零售，科学研究和技术服务，电力、热力的生产和供应；河北省排名前五的产业部门依次为：金属冶炼和压延加工品，建筑，农林牧渔产品和服务，交通运输、仓储和邮政，金属矿采选产品。

从需求的方面看，需求模型得出的北京市五大产业部门为：建筑，公共管理、社会保障和社会组织，卫生和社会工作，教育，房地产。河北省的五大产业部门为：建筑，金属冶炼和压延加工品，交通运输、仓储和邮政，农林牧渔产品和服务，食品和烟草。

从供给和需求的两方面综合考虑，北京市可以做大做强的产业部门有：建筑，科学研究和技术服务，信息传输、软件和信息技术服务。河北省可以做大做强的产业部门有：金属冶炼和压延加工品，建筑，农林牧渔产品和服务，交通运输、仓储和邮政，化学产品，食品和烟草。同时，受冬奥会的影响，河北省能够较快发展的还有旅游、文化、体育等行业。

3. 从供需平衡角度看，北京市需要增大调出才能增大调入

北京市的产品（包括货物与服务）与京外地区的贸易量不断增加，为使其总量达到平衡有两种方式，一是增加有效供给，二是刺激有效需求。从奥运经济的特点来看，冬奥会可以拉动北京市的需求和供给大幅上升，实现总供需的平衡问题。即使存在一点供需的缺口，也可以通过净调入补足。北京市通过这些年的产业调整已是服务型经济，第三产业增加值在 GDP 中的比重已达 81%，因此，北京市主要靠增加服务的调出以换取货物的调入，即以第三产业的无形产品换取第一、第二产业的有形产品。

4. 河北省的产业结构调整空间较大

河北省在奥运经济影响下，产品的调入与调出额会越来越大，从供需平衡来看，冬奥会的举办将会促进河北省产业结构的优化调整。从河北省的数据来看，在冬奥会举办年，第三产业消费需求量巨大，但总体产能不足，因此导致了更多量的净调入。冬奥会后，第二产业净调出显著减少，第三产业迅速发展，由净调入转为净调出，产业结构由原来的第二产业为主导，转变为第二、第三产业并重发展，由此可以看出，河北省的产业结构调整的空间比较大。河北省一定要抓住这个机遇，做好产业结构的调整，建立起优势产业和特色产业，淘汰产能过剩产业和落后产业，部分产业可以通过调入或调出保持供需平衡。

5. 冬奥会的投资将积极促进京冀地区产业结构的调整，但也会对当地经济产生负面效应

从冬奥会投资对北京市和河北省三次产业的增加额的影响来看，在奥运年中，固定资产投资对三大产业存在总体拉动效应，这使得北京市第三产业明显提升，而对河北省第二产业的影响更为明显。冬奥会后，奥运经济对北京市第三产业的直接拉动仍然呈现上升趋势，对河北省第三产业的直接拉动呈现下降－拉动趋势。在奥运周期内，北京市原有主导产业中的金融保险业、商业、旅游业、运输邮电业、房地产业将继续发展并占有相当大的份额。

同时，在冬奥会对京冀地区经济产生诸多正面效应影响的情形下，政府也应充分重视冬奥会所带来的负面影响。从模拟结果来看，部分行业在冬奥会结束后出现下滑，这将不利于两地产业的可持续发展，对经济增长也会形成损害。本书研究的政策意义说明，政府可借奥运之机，加快产业结构调整力度，使两地经济的高速发展更具质量。

6. 冬奥会后期，河北省需要更重视冰雪体育服务业的开发

在2023—2025年，旅游业同样能够带动北京市和河北省GDP分别增长4.02%和1.74%。总的来讲，在冬奥会前期和后期，冬奥会对北京市GDP的拉动作用要高于河北省，但从旅游收入回归模型分析结果来看，在冬奥会举办期间，河北省的旅游收入对GDP的带动作用更强。河北省想要实现后奥运时期旅游业的持续增长，需要通过规划和政策引导，加快推进冰雪体育服务行业精品工程的实施计划，争取尽快打造出一大批优秀的冰雪体育俱乐部、示范场馆和品牌赛事，建造并完善冰雪体育产业的配套设施，以此推动体育服务业的发展进程。政府应该将各类体育服务业列入鼓励类服务业指导目录，加大税收优惠幅度，大力支持、鼓励体育服务业的发展，使得冬奥会带来的旅游业的发展与河北省基础设施的建设协同发挥作用。

7. 冬奥会对京冀地区的几大重要产业的正向冲击具有阶段性特征

通过数据可以看出，京冀地区的 8 个重要产业部门在有无冬奥会情景下的生产总值变动均存在差异，这主要是因为这 8 个产业部门的生产特性、辐射范围和影响效果有所不同。冬奥会对北京市的住宿餐饮、房地产、交通运输等行业影响明显，河北省的交通运输、住宿餐饮、信息传输、计算机服务和软件业等与冬奥会直接相关的行业在冬奥会的前期和中期拉动作用较为明显，但考虑到这些行业的增长均属一次性增长，并不具有持续性，因此，两地政府在推动基础设施建设的同时更要注重优化资源配置，减少无效和不可持续的投资，节俭办奥运。另外，还要寻找并发展自身特色的经济增长点，而不是局限于发挥大型活动的拉动效果。

（二）研究展望

2022 年冬奥会将在北京市和张家口市举办，在此背景下的经济影响研究是一个涉及面较广的课题，具有广泛的现实意义和理论意义。虽然本书对冬奥会对京冀两地的经济影响进行了一定的研究与探讨，但由于经济影响评估的复杂性、受限于目前数据的可获得性以及时间的紧迫程度，本书还存在着一些需要进一步完善、改进的地方，主要有以下 3 个方面。

（1）尽管本文对冬奥会的经济影响构建的 CGE 模型、投资经济增长模型和旅游收入模型及其应用进行了一定研究，但与错综复杂的经济社会系统相比，本报告所建立的模型在诸多方面还仅是对现实的一个简化，需要在未来进一步完善。

（2）由于在本书完成时，官方只公布了 2012 年各省市 42 个产业部门的投入产出表，最新的数据尚未发布，因此北京市与河北省的投入产出数据选择 2012 年作为基期，校准 CGE 模型的参数，然后进行经济影响的模拟。但由于不同行业是由特定部门的数据汇总并依据国情处理后得到，这与投入产出表中的分部门数据不同。而且官方没有给出 2013 年及后续年份各个行业的代表部门数据，以及这些数据的具体汇总方式，本书无法将 2013—2018 年的官方数据与拟合数据进行比对，因此在模型的模拟结果的准确性上还有待优化。在未来最新数据（2017 年）发布后，还需要进一步考察不同基期对于 CGE 模型参数校准的影响程序及其对模型模拟结果的影响情况。另外，由于受 2020 年年初开始的新冠肺炎疫情的影响，北京市和河北省的经济数据与本书中根据模型估测出的部分部门的经济预测值有较大的差异，因此在后续的研究中还需要进一步更新数据，更加准确地估测出 2022 年冬奥会对当地经济的影响。

（3）在数据可获得的情况下，编制京冀两地的社会核算矩阵，建立更加全面的奥运经济动态 CGE 模型，可作为分析京冀地区宏观政策的经济影响的分析工具。并且可以编制 SAM 表，应用 GAMS 方法对模型进行参数的标定和求和，计算出冬奥会经济影响的主要外生冲击变量。

需要说明的是，上述的论证和结论仅是依据模型估测的结果。实际上举办冬奥会还有很多其他的正面效益不能用定量的方法进行评估。比如，举办城市的知名度与美誉度的提升；举办冬奥会所使用的大量的先进技术和设备，对于相关地区的拉动效应，等等；这些会对冬奥会举办地，乃至中国产生长远的影响。

参考文献

［1］冯云，王永安，李晓雷，等．“京张”冬奥会与河北体育旅游带融合发展研究［J］．山东体育科技，2018，40（2）：22－26.

［2］丁宇峰，刘会静．2022冬奥会对张家口产业转型的影响及对策［J］．时代金融，2018（14）：119，121.

［3］王军．2022年北京冬奥会的举办对张家口经济的影响［J］．石家庄职业技术学院学报，2019，31（1）：37－39.

［4］张玉超，焦亮亮．2022年冬奥会对京冀区域经济发展的影响分析［J］．体育文化导刊，2017（1）：124－128.

［5］徐方方，赵惠娟．2022年冬奥会对京津冀区域旅游合作的影响及对策研究［J］．现代经济信息，2017（3）：443－444.

［6］焦亮亮，张玉超，张倩．2022年冬奥会对我国举办城市经济发展的影响［J］．湖北体育科技，2016，35（4）：309－312.

［7］王晓军，王浩，宋之杰．2022年冬奥会对张家口冰雪旅游产业的影响及对策研究［J］．冰雪运动，2016，38（3）：65－69.

［8］张莉．2022年冬奥会对张家口冰雪旅游产业的影响与策略探究［J］．产业与科技论坛，2018，17（16）：107－108.

［9］靳强．2022年冬奥会申办成功对张家口发展的影响［J］．中小企业管理与科技（下旬刊），2014（10）：141－142.

［10］文晶晶，李墨，刘阳．2022年张家口冬奥会对河北经济社会的影响［J］．党史博采（理论），2016（6）：45，55.

［11］李宏．北京冬奥会对国家发展的积极影响［J］．边疆经济与文化，2017（6）：101－102.

［12］户良斌，杨建全．北京冬奥会对华北地区区域经济的影响与对策

［J］．经济研究导刊，2017（27）：56－57.

［13］崔焱．北京冬奥会对居民冰雪体育旅游消费需求与行为影响研究——基于北京市延庆区的调查［D］．北京：首都体育学院，2019.

［14］林显鹏．筹备和举办2022年冬奥会对京张地区经济一体化的影响［A］．中国体育科学学会（China Sport Science Society）．2015第十届全国体育科学大会论文摘要汇编（一）［C］．中国体育科学学会（China Sport Science Society）：中国体育科学学会，2015：18－19.

［15］顾海兵，张晓燕．冬奥会对北京经济的影响预测［J］．经济与管理研究，2016，37（9）：27－36.

［16］顾海兵．奥运经济账的科学计算问题［J］．市场经济研究，2002（3）：6－9.

［17］贺桂珍，张衢，吕永龙．冬奥会对举办城市生态环境的影响研究进展［J］．生态学报，2020，40（4）：1129－1139.

［18］高寒，方梦莹，孙晓琳．冬奥会对农村生活环境的影响与政策建议——基于崇礼区的调研［J］．农村经济与科技，2018，29（23）：241－242，286.

［19］刘亚宁，郑学宏，王硕，等．冬奥会对张家口的影响［J］．智库时代，2018（28）：10，12.

［20］付磊．奥运会影响研究：经济和旅游［D］．北京：中国社会科学院研究生院，2002.

［21］杜梦瑶，刘希佳．冬奥会滑雪项目对崇礼经济的影响［J］．辽宁体育科技，2018，40（2）：16－19.

［22］张圣莹，刘锐，王浩宇，等．后冬奥经济视角下张家口市区域经济发展研究［J］．产业与科技论坛，2017，16（24）：42－43.

［23］石永秀，孙伟，郭朝阳，等．京津冀一体化背景下冬奥会的召开对冀北地区的影响［J］．唐山师范学院学报，2016，38（5）：156－158.

［24］张一帆，刘梦辰，马峰跃．京张冬奥会影响下我国滑雪产业的现状分析［J］．南方农机，2018，49（8）：220.

［25］刘巍，汪秋菊．居民感知视角下北京冬奥会对城市形象的影响研究［J］．沈阳体育学院学报，2019，38（5）：71－76.

［26］任立峰，张寅晓．举办 2022 年冬奥会对张家口市社会经济发展的影响研究［J］．当代体育科技，2016，6（27）：145－146.

［27］赵艺雯．论重大体育赛事对地区经济的发展影响及对策——展望北京—张家口冬奥会［J］．现代商业，2019（1）：78－80.

［28］孟翔燕，姜楠．浅谈申办冬奥会对张家口的经济影响［J］．现代经济信息，2017（2）：479－480.

［29］张翠晶．国外节庆节事旅游研究综述［J］．旅游纵览（下半月），2018（2）：40.

［30］蒋晓薇．节事活动利益相关者综合影响研究［J］．赤峰学院学报（汉文哲学社会科学版），2019，40（5）：63－65.

［31］刘雅祺．基于关联的大数据技术对会展节事活动影响研究［J］．商业经济，2019（11）：85－86，101.

［32］曹永凯．CGE 模型在北京奥运经济中的应用研究［D］．北京：首都经济贸易大学，2006.

［33］李镕臣．奥运会对中国和韩国经济发展影响［D］．青岛：中国海洋大学，2010.

［34］张辑，胡春阳．北京奥运对经济社会的影响分析——基于宏观经济视角的模型及测算［J］．企业经济，2008（7）：96－98.

［35］吴华清，杨锋．奥运经济影响评价指标研究［J］．价值工程，2008（5）：30－33.

［36］庞军．奥运投资对北京市的环境与经济影响——基于动态区域 CGE 模型的模拟分析［D］．北京：中国人民大学，2005.

［37］张亚雄，赵坤．北京奥运会投资对中国经济的拉动影响——基于区域间投入产出模型的分析［J］．经济研究，2008（3）：4－15.

［38］王朝辉，陆林，夏巧云．国内外重大事件旅游影响研究进展与启示［J］．自然资源学报，2012，27（6）：1053－1067.

［39］王春雷．国外重大事件影响研究述评［J］．旅游科学，2007（2）：52－60.

［40］苏亮．基于成本——效益分析的奥运经济影响预测研究［D］．大连：大连理工大学，2005.

［41］侯宇鹏．基于一般均衡理论的北京奥运经济效应研究［D］．哈尔滨：哈尔滨工业大学，2009.

［42］孟升．经济学视域下的奥运会研究——评《奥运会的经济影响及测算研究》［J］．教育理论与实践，2014，34（11）：62.

［43］方福前．论研究奥运经济影响的思路与方法［J］．北京社会科学，2004（2）：3－7.

［44］周健华，杨维．区域性节事活动对城市经济影响探究［J］．现代商贸工业，2013，25（18）：8－9.

［45］王永，王小垒．试论体育对环境的影响——以 2008 年奥运会为例［J］．体育科技文献通报，2007（10）：84－85.

［46］安俊英，黄海燕，陶倩．体育赛事对举办城市环境影响评估研究［J］．成都体育学院学报，2013，39（2）：31－35.

［47］夏何欢．悉尼雅典奥运环保中的政府职能对北京奥运环保中政府职能的启示［D］．北京：首都体育学院，2008.

［48］林显鹏．现代奥运会对城市经济发展的影响及其规律的研究［A］．中国体育科学学会．第七届全国体育科学大会论文摘要汇编（一）［C］．中国体育科学学会，2004：33.

［49］刘煜．现代奥运会环境问题的生态伦理研究［D］．长沙：湖南师范大学，2007.

［50］库瑞．重大事件对城市发展影响研究综述［J］．西安文理学院学报（社会科学版），2012，15（5）：56－58.

［51］于海波，吴必虎，卿前龙．重大事件对旅游目的地影响研究——以奥运会对北京的影响为例［J］．中国园林，2008（11）：22－25.

［52］段志刚．中国省级区域可计算一般均衡建模与应用研究［D］．武汉：华中科技大学，2004.

［53］杨树人，田晓玉．中国申办冬奥会可行性及对社会发展的意义和影响［J］．哈尔滨体育学院学报，2005（5）：1－4.

［54］王晓辉．中国产业结构的动态投入产出模型分析［D］．哈尔滨：哈尔滨工程大学，2010.

［55］王晖．基于可计算一般均衡（CGE）框架的税收政策模拟与评价

[M]. 北京：经济管理出版社，2015.

[56] 张辑. 奥运会的经济影响及测算研究 [M]. 上海：复旦大学出版社，2011.

[57] 郭时萍. 哈尔滨申办冬奥会的社会价值 [J]. 冰雪运动，2011，33 (6)：57-61.

[58] 孙宏伟，谭虹. 哈尔滨申办冬奥会的可行性及其对城市发展的积极效应 [J]. 冰雪运动，2011，33 (2)：50-52.

[59] 许文建. 关于"京津冀协同发展"重大国家战略的若干理论思考——京津冀协同发展上升为重大国家战略的解读 [J]. 中共石家庄市委党校学报，2014，16 (4)：14-19.

[60] 易剑东. 构建奥运会国际影响研究的方法论初探 [J]. 山东体育学院学报，2005 (5)：3-6.

[61] 刘书勇，谭宏，于兹香. 对哈尔滨市申办冬奥会的理性思考 [J]. 哈尔滨师范大学自然科学学报，2010，26 (3)：110-112.

[62] 黄世席，陈华栋. 都灵奥运会的环境政策及其对北京的借鉴 [J]. 成都体育学院学报，2006 (4)：6-10.

[63] 尔东. 冬奥会之前的加拿大 [J]. 卫星电视与宽带多媒体，2010 (3)：22-23.

[64] 魏静. 冬奥会或成京津冀一体化又一推手 望激活体育产业 [N]. 中国证券报，2014-07-08 (A12).

[65] TERRET T. 冬奥会的经济影响：以 1968 年格勒诺布尔冬奥会为例 (英文) [A]. 北京论坛 (Beijing Forum). 北京论坛 (2008) 文明的和谐与共同繁荣——文明的普遍价值和发展趋向："奥运精神与世界和谐"奥林匹克分论坛论文或摘要集 [C]. 北京论坛 (Beijing Forum)：北京大学北京论坛办公室，2008：241-251.

[66] 孟凡强，崔颖波. 不同主导性质国际体育大赛对促进举办城市发展作用差异的研究 [J]. 成都体育学院学报，2005 (6)：17-21.

[67] 赵晶，闫育东，张亚楠. 冰雪情，申奥梦——中国北京申办 2022 年冬奥会前瞻 [J]. 北京体育大学学报，2014，37 (7)：8-11，37.

[68] 苏和，穆亮，吴迪，等. 北京申办第 24 届冬奥会的可行性分析

[J]．黑龙江科技信息，2014（27）：273.

［69］简启华．北京奥运与城市发展［J］．商场现代化，2008（13）：332－333.

［70］黎皇兴，王伊倜，万旭东．北京奥运会与城市发展的研究综述［J］．北京规划建设，2009（2）：34－39.

［71］倪敏东．奥运会轨道交通规划的影响因子研究——以北京和伦敦奥运会为例［D］．武汉：华中科技大学，2010.

［72］胡浩，齐飞．奥运会对城市空间发展的影响研究——以北京奥运会为例［J］．经济研究导刊，2012（28）：168－172.

［73］邹统钎，彭海静．奥运会的旅游效应分析——以悉尼奥运会及雅典奥运会为例［J］．商业经济与管理，2005（4）：45－49，60.

［74］廖伟径．奥运搭台，经济唱戏——索契承载的俄罗斯之梦［J］．经济，2014（3）：55－57.

［75］靳强．2022年冬奥会申办成功对张家口发展的影响［J］．中小企业管理与科技（下旬刊），2014（10）：141－142.

［76］薛福岐．2014年索契冬奥会：俄罗斯需要成功故事［J］．当代世界，2014（3）：47－49.

［77］刘正初．浅论环境影响评估［J］．绿色大世界，2007（Z1）：57－59.

［78］侯珂珂．北京奥申委陈述2022年冬奥会申办筹备情况［N］．光明日报，2014－02－09（04）.

［79］KIM M K，KIM S K，PARK J A，et al. Measuring the economic impacts of major sports events：the case of Formula One Grand Prix（F1）［J］. Asia Pacific Journal of Tourism Research，2017，22（1）：64－73.

［80］LEE C K，MJELDE J W，KWON Y J. Estimating the economic impact of a mega－event on host and neighbouring regions［J］. Leisure Studies，2015，36（1）：1－15.

［81］KIM Y H，LI HX，NAURIGHT J. A destination development by building a brand image and sport event tourism：a case of Sport City USA［J］. Sport in Society，2018，21（8）：1196－1203.

［82］POP I，KANOVICI A，GHIC G，et al. The economic effects of the mega sport events on tourism in the BRICS countries case [J] . Amfiteatru Economic, 2016, 18 (Special Issue 10): 960 -975.

[83] PERIĆ M, VITEZIĆ V, BADURINA J Đ. Business models for active outdoor sport event tourism experiences [J] . Tourism Management Perspectives, 2019 (32): 1 -13.

[84] DWYER L, JAGO L, FORSYTH P. Economic evaluation of special events: Reconciling economic impact and cost - benefit analysis [J] . Scandinavian Journal of Hospitality and Tourism, 2016, 16 (2): 115 -129.

[85] KIM W, JUN H M, WALKER M, et al. Evaluating the perceived social impacts of hosting large - scale sport tourism events: Scale development and validation [J] . Tourism Management, 2015, 48 (jun): 21 -32.

[86] YAO Q, SCHWARZ E C. Impacts and implications of an annual major sport event: A host community perspective [J] . Journal of Destination Marketing & Management, 2018 (8): 161 -169.

[87] DING N, MI X, ZHAO L. Research on sustainable development of event tourism under environment - friendly growing path [J] . Earth and Environmental Science, 2019, 300: 32 -37.

[88] ZHOU X Q. Expectations of sport event tourism experiences [J] . Department of Service Management and Service Studies, 2015 (SMMM20): 1 -74.

[89] WALRAS L. Elements d'economie politique pure: Qu theorie de la richesse sociale (1874) [M] . Lausanne: L. Corbaz. Translated. By William Jaffe as Elements of Pure Economics, Homewood, Ill. : Richard D. Irwin. 1954.

[90] WALD A. On some systems of equations of mathematical economics [J] . Econometrica, 1951, 19 (4): 368 -403.

[91] ARROW K J, DEBREU G. Existence of an equilibrium for a competitive economy [J] . Econometrica, 1954, 22 (3): 265 -290.

[92] HILDENBRAND W. Core and equilibria of a large economy [M] . Princeton: Princeton University Press, 1974.

[93] ADAMS F G, PARK I. Measuring the impact of AFTA: An application of a linked CGE system [J] . Journal of Policy Modeling, 1995, 17 (4):

325 -365.

[94] HERTEL T W. Global trade analysis: modeling and application [M] . New York: Cambridge University Press, 1997.

[95] KIM H J, GURSOY D, LEE S B. The impact of the 2002 World Cup on South Korea: comparisons of pre - and post - games [J] . Tourism Management 2006, 27 (1): 86 -96.

[96] HUMPHREYS J M, PLUMMER M K. The economic impact on the State of Georgia of hosting the 1996 Olympic Games [M] . Terry College of Business, University of Georgia, 1995.

[97] BLAKE A. The economic impact of the London 2012 Olympics [EB/OL] . https: //opus. lib. uts. edu. au/bitstream/10453/19780/1/Impact%202005_5. pdf.

附　录

附录 A　产业结构关联度与生产诱发能力计算方法

1. 影响力系数

投入产出逆矩阵系数的列合计反映了该部门对所有部门所产生的生产波及与拉动的绝对水平，表示当某一部门增加单位最终需求时，通过直接或间接关联对各部门所要求的生产量，即影响力程度。各列合计与社会总需求平均值的比值称为影响力系数。影响力系数 F_j 的计算公式为

$$F_j = \frac{\sum_{i=1}^{n} \overline{b}_{ij}}{\frac{1}{n}\sum_{i=1}^{n}\sum_{j=1}^{n} \overline{b}_{ij}} (j = 1,2,\cdots,n)$$

其中，$\sum_{i=1}^{n} \overline{b}_{ij}$ 为列昂惕夫逆矩阵的第 j 列之和，$\frac{1}{n}\sum_{i=1}^{n}\sum_{j=1}^{n} \overline{b}_{ij}$ 为列昂惕夫逆矩阵的列和的平均值。当影响力系数大于 1 时，表示第 j 部门的生产对其他部门所产生的波及影响程度超过社会平均影响水平（即部门所产生波及影响的平均值）；当影响力系数等于 1 时，表示第 j 部门的生产对其他部门所产生的波及影响程度等于社会平均影响水平；当影响力水平小于 1 时，表示第 j 部门的生产对其他部门产生的波及影响程度低于全社会平均影响力水平。

2. 感应度系数

对投入产出逆矩阵的行进行计算得到感应程度和感应度系数指标。感应度系数是指当国民经济各部门都增加一个单位最终使用时，某一部门由此而受到的需求感应程度，也就是需要该部门为其他部门生产提供的产出量。感应度系数 E_i 的计算公式为

$$E_i = \frac{\sum_{ji=1}^{n} \overline{b}_{ij}}{\frac{1}{n}\sum_{i=1}^{n}\sum_{j=1}^{n} \overline{b}_{ij}} (i = 1,2,\cdots,n)$$

当感应系数大于1时，表示该部门所受到的感应程度高于全社会平均感应水平（即各部门所受到的感应力的平均值），当感应力系数等于1时，表示该部门所受到的感应程度等于全社会平均感应水平；当感应力系数小于1时，表示该部门所受到的感应程度低于全社会平均感应水平。

3. **生产诱发系数**

生产诱发系数是指各（某）产业的各（某）最终需求项目的生产诱发额与相应的最终需求项目的合计之比。生产诱发系数是从产出角度考察产业关联总波及效应，立论于最终需求对生产的诱发作用，或生产对最终需求的依赖程度。所谓生产诱发系数就是从投入-产出基本数学模型 $X =（I - A） - 1y$ 出发，将各部门各最终需求项目的生产诱发额除以相应的最终需求项目总和所得的商。

附录B 京冀地区产业结构与CGE模型预测值

表1 北京市1978—2018年地区生产总值 单位：亿元

年份	地区生产总值	按产业分组			按行业分组		人均地区生产总值（元）
		第一产业	第二产业	第三产业	#工业	#建筑业	
1978	108.8	5.6	77.2	26.0	70.2	7.2	1257
1979	120.1	5.2	85.0	29.9	77.4	7.8	1358
1980	139.1	6.1	95.6	37.4	86.9	8.9	1544
1981—1985	950.9	61.9	588.4	300.6	515.5	73.9	
1981	139.2	6.6	92.3	40.3	82.7	9.8	1526
1982	154.9	10.2	99.6	45.1	89.3	10.5	1671
1983	183.1	12.7	112.5	57.9	98.8	13.9	1943
1984	216.6	14.7	130.5	71.4	114.0	16.7	2262
1985	257.1	17.7	153.5	85.9	130.7	23.0	2643
1986—1990	1978.7	162.1	1082.5	734.1	917.3	167.0	
1986	284.9	19.0	165.6	100.3	141.2	24.6	2836
1987	326.8	24.2	182.2	120.4	154.5	28.1	3150
1988	410.2	36.9	220.9	152.4	189.5	31.8	3892
1989	456.0	38.3	251.8	165.9	212.8	39.4	4269
1990	500.8	43.7	262.0	195.1	219.3	43.1	4635
1991—1995	4847.2	286.4	2213.0	2347.8	1833.5	386.9	
1991	598.9	45.5	290.5	262.9	255.6	35.9	5494
1992	709.1	48.7	344.7	315.7	293.0	52.9	6458
1993	886.2	53.2	418.2	414.8	339.2	80.4	8006

续 表

年份	地区生产总值	按产业分组			按行业分组		人均地区生产总值（元）
		第一产业	第二产业	第三产业	#工业	#建筑业	
1994	1145.3	66.8	516.0	562.5	417.9	99.7	10240
1995	1507.7	72.2	643.6	791.9	527.8	118.0	12690
1996—2000	12234.3	387.8	4296.6	7550.0	3479.5	831.5	
1996	1805.0	75.0	715.8	1014.3	579.2	139.0	14380
1997	2096.8	77.2	783.6	1236.0	639.7	146.5	16778
1998	2406.2	77.9	844.4	1483.9	676.0	171.0	19361
1999	2713.5	78.4	912.2	1722.9	730.7	184.3	21684
2000	3212.8	79.3	1040.6	2092.9	853.9	190.7	24518
2001—2005	26576.3	419.6	7818.2	18338.7	6521.6	1328.5	
2001	3769.9	80.8	1147.6	2541.6	947.6	205.3	27430
2002	4396.0	82.4	1259.4	3054.2	1032.6	231.1	31307
2003	5104.1	84.1	1497.9	3522.1	1237.3	265.4	35450
2004	6164.9	85.4	1867.7	4211.9	1573.4	302.5	41809
2005	7141.4	86.9	2045.6	5008.9	1730.7	324.2	47127
2006—2010	56637.1	537.6	13638.5	42461.2	11311.4	2503.5	
2006	8312.6	87.2	2217.8	6007.7	1856.3	375.0	52964
2007	10071.9	99.4	2534.1	7438.4	2116.7	432.9	61470
2008	11392.0	111.4	2641.8	8638.8	2173.0	502.3	66098
2009	12419.0	116.8	2856.9	9445.4	2348.3	559.8	68406
2010	14441.6	122.8	3387.9	10930.9	2817.1	633.5	75573
2011—2015	100937.9	742.3	21530.0	78665.5	17848.6	4199.8	
2011	16627.9	134.5	3753.2	12740.2	3115.0	712.8	83547
2012	18350.1	148.4	4060.0	14141.7	3381.7	775.0	89778
2013	20330.1	159.8	4392.8	15777.4	3661.6	839.2	97178
2014	21944.1	159.2	4663.4	17121.5	3859.6	910.9	102869

续 表

年份	地区生产总值	按产业分组			按行业分组		人均地区生产总值（元）
		第一产业	第二产业	第三产业	#工业	#建筑业	
2015	23685. 7	140. 4	4660. 6	18884. 7	3830. 7	961. 9	109603
2016	25669. 1	129. 8	4944. 4	20594. 9	4026. 7	1025. 5	118198
2017	28014. 9	120. 4	5326. 8	22567. 8	4274. 0	1140. 8	128994
2018	30320. 0	118. 7	5647. 7	24553. 6	4464. 6	1274. 9	140211

表 2　　北京市和河北省生产总值构成（1978—2018 年）　　单位：%

年份	北京市						河北省					
	地区生产总值	按产业分组			按行业分组		地区生产总值	按产业分组			按行业分组	
		第一产业	第二产业	第三产业	#工业	#建筑业		第一产业	第二产业	第三产业	#工业	#建筑业
1978	100. 0	5. 1	71. 0	23. 9	64. 5	6. 6	100. 0	28. 52	50. 46	21. 02	45. 44	5. 02
1979	100. 0	4. 3	70. 8	24. 9	64. 4	6. 5	100. 0	30. 07	50. 07	19. 86	44. 13	5. 94
1980	100. 0	4. 4	68. 7	26. 9	62. 5	6. 4	100. 0	31. 06	48. 29	20. 65	42. 91	5. 38
1981	100. 0	4. 7	66. 3	29. 0	59. 4	7. 0	100. 0	31. 92	46. 35	21. 73	41. 49	4. 86
1982	100. 0	6. 6	64. 3	29. 1	57. 7	6. 8	100. 0	34. 04	42. 88	23. 08	37. 91	4. 97
1983	100. 0	6. 9	61. 4	31. 6	54. 0	7. 6	100. 0	36. 05	40. 57	23. 38	36. 00	4. 57
1984	100. 0	6. 8	60. 2	33. 0	52. 6	7. 7	100. 0	33. 55	43. 90	22. 55	39. 08	4. 82
1985	100. 0	6. 9	59. 7	33. 4	50. 8	8. 9	100. 0	30. 33	46. 44	23. 23	41. 40	5. 04
1986	100. 0	6. 7	58. 1	35. 2	49. 6	8. 6	100. 0	28. 27	47. 47	24. 26	42. 48	4. 99
1987	100. 0	7. 4	55. 8	36. 8	47. 3	8. 6	100. 0	26. 38	49. 04	24. 58	44. 34	4. 70
1988	100. 0	9. 0	53. 9	37. 2	46. 2	7. 8	100. 0	23. 14	46. 11	30. 75	41. 24	4. 87
1989	100. 0	8. 4	55. 2	36. 4	46. 7	8. 6	100. 0	23. 85	45. 56	30. 57	41. 17	4. 39
1990	100. 0	8. 7	52. 3	39. 0	43. 8	8. 6	100. 0	25. 43	43. 23	31. 34	39. 52	3. 71
1991	100. 0	7. 6	48. 5	43. 9	42. 7	6. 0	100. 0	22. 10	42. 90	35. 00	38. 91	3. 99
1992	100. 0	6. 9	48. 6	44. 5	41. 3	7. 5	100. 0	20. 11	44. 83	35. 06	40. 50	4. 33
1993	100. 0	6. 0	47. 2	46. 8	38. 3	9. 1	100. 0	17. 84	50. 15	32. 01	44. 84	5. 31

续 表

年份	北京市						河北省					
	地区生产总值	按产业分组			按行业分组		地区生产总值	按产业分组			按行业分组	
		第一产业	第二产业	第三产业	#工业	#建筑业		第一产业	第二产业	第三产业	#工业	#建筑业
1994	100.0	5.8	45.1	49.1	36.5	8.7	100.0	20.66	48.14	31.20	42.35	5.79
1995	100.0	4.8	42.7	52.5	35.0	7.8	100.0	22.16	46.42	31.42	40.37	6.05
1996	100.0	4.2	39.7	56.2	32.1	7.7	100.0	20.30	48.21	31.49	42.37	5.84
1997	100.0	3.7	37.4	58.9	30.5	7.0	100.0	19.27	48.92	31.81	43.03	5.89
1998	100.0	3.2	35.1	61.7	28.1	7.1	100.0	18.58	48.97	32.45	42.81	6.16
1999	100.0	2.9	33.6	63.5	26.9	6.8	100.0	17.86	48.48	33.66	41.98	6.50
2000	100.0	2.5	32.4	65.1	26.6	5.9	100.0	16.35	49.86	33.79	43.65	6.21
2001	100.0	2.1	30.4	67.4	25.1	5.4	100.0	16.56	48.88	34.56	43.11	5.77
2002	100.0	1.9	28.6	69.5	23.5	5.3	100.0	15.90	48.38	35.72	42.88	5.50
2003	100.0	1.6	29.3	69.0	24.2	5.2	100.0	15.37	49.38	35.25	43.49	5.89
2004	100.0	1.4	30.3	68.3	25.5	4.9	100.0	16.12	50.83	33.05	45.07	5.76
2005	100.0	1.2	28.6	70.1	24.2	4.5	100.0	13.93	52.75	33.32	47.10	5.65
2006	100.0	1.0	26.7	72.3	22.3	4.5	100.0	12.70	53.39	33.91	47.96	5.43
2007	100.0	1.0	25.2	73.9	21.0	4.3	100.0	13.21	53.04	33.75	48.01	5.03
2008	100.0	1.0	23.2	75.8	19.1	4.4	100.0	12.65	54.45	32.89	49.41	5.04
2009	100.0	0.9	23.0	76.1	18.9	4.5	100.0	12.74	52.12	35.13	46.48	5.64
2010	100.0	0.9	23.5	75.7	19.5	4.4	100.0	12.51	52.62	34.88	46.98	5.64
2011	100.0	0.8	22.6	76.6	18.7	4.3	100.0	11.42	53.91	34.67	48.38	5.54
2012	100.0	0.8	22.1	77.1	18.4	4.2	100.0	11.37	53.20	35.43	47.57	5.62
2013	100.0	0.8	21.6	77.6	18.0	4.1	100.0	11.07	52.62	36.32	47.02	5.65
2014	100.0	0.7	21.3	78.0	17.6	4.2	100.0	10.79	51.75	37.46	46.01	5.81
2015	100.0	0.6	19.7	79.7	16.2	4.1	100.0	10.44	49.07	40.49	43.14	6.00
2016	100.0	0.5	19.3	80.2	15.7	4.0	100.0	9.74	48.19	42.07	42.28	5.95
2017	100.0	0.4	19.0	80.6	15.3	4.1	100.0	9.21	46.58	44.21	40.44	6.20
2018	100.0	0.4	18.6	81.0	14.7	4.2						

表3 北京市2007年、2012年42个产业部门综合影响力系数

排名	2007年		2012年	
	部门	系数	部门	系数
1	通信设备、计算机及其他电子设备制造业	1.3773	煤炭采选产品	2.3273
2	煤炭开采和洗选业	1.2798	金属冶炼和压延加工品	1.5702
3	交通运输设备制造业	1.2551	电力、热力的生产和供应	1.4474
4	金属制品业	1.2483	金属制品	1.4037
5	工艺品及其他制造业	1.2282	通信设备、计算机和其他电子设备	1.3274
6	木材加工及家具制造业	1.2153	电气机械和器材	1.2697
7	金属冶炼及压延加工业	1.1822	金属矿采选产品	1.2395
8	废品废料	1.1746	建筑	1.2323
9	非金属矿物制品业	1.1741	纺织品	1.2303
10	建筑业	1.1626	通用设备	1.2248
11	电气机械及器材制造业	1.1602	专用设备	1.2194
12	石油加工、炼焦及核燃料加工业	1.1446	其他制造产品	1.1977
13	仪器仪表及文化办公用机械制造业	1.1324	木材加工品和家具	1.1593
14	通用、专用设备制造业	1.1093	仪器仪表	1.1485
15	综合技术服务业	1.0967	交通运输设备	1.1467
16	非金属矿及其他矿采选业	1.0966	非金属矿物制品	1.1160
17	电力、热力的生产和供应业	1.0823	造纸印刷和文教体育用品	1.1081
18	食品制造及烟草加工业	1.0738	纺织服装鞋帽皮革羽绒及其制品	1.0590
19	造纸印刷及文教体育用品制造业	1.0630	食品和烟草	1.0360
20	水的生产和供应业	1.0616	水的生产和供应	0.9627
21	居民服务和其他服务业	1.0548	金属制品、机械和设备修理服务	0.9241

续 表

排名	2007年		2012年	
	部门	系数	部门	系数
22	研究与试验发展业	1.0311	卫生和社会工作	0.8982
23	信息传输、计算机服务和软件业	1.0296	住宿和餐饮	0.8936
24	纺织业	0.9883	科学研究和技术服务	0.8909
25	租赁和商务服务业	0.9725	交通运输、仓储和邮政	0.8876
26	卫生、社会保障和社会福利业	0.9689	水利、环境和公共设施管理	0.8859
27	化学工业	0.9503	化学产品	0.8755
28	交通运输及仓储业	0.9429	农林牧渔产品和服务	0.8536
29	农林牧渔业	0.9263	居民服务、修理和其他服务	0.8384
30	纺织服装鞋帽皮革羽绒及其制品业	0.9079	文化、体育和娱乐	0.8357
31	文化、体育和娱乐业	0.9030	公共管理、社会保障和社会组织	0.7913
32	水利、环境和公共设施管理业	0.9021	非金属矿和其他矿采选产品	0.7717
33	住宿和餐饮业	0.8458	信息传输、软件和信息技术服务	0.7621
34	公共管理和社会组织	0.8144	燃气生产和供应	0.7439
35	教育	0.7731	石油、炼焦产品和核燃料加工品	0.7294
36	石油和天然气开采业	0.7645	租赁和商务服务	0.6478
37	金属矿采选业	0.7487	教育	0.6385
38	邮政业	0.7425	批发和零售	0.5937
39	批发和零售业	0.7253	房地产	0.5888
40	金融业	0.6047	金融	0.5406
41	房地产业	0.5868	废品废料	0.5276
42	燃气生产和供应业	0.4982	石油和天然气开采产品	0.4549

表4　　河北省2007年、2012年42个产业部门综合影响力系数

排名	2007年		2012年	
	部门	系数	部门	系数
1	交通运输设备制造业	1.3804	电气机械和器材	1.3469
2	金属制品业	1.2836	金属制品	1.3160
3	金属冶炼及压延加工业	1.2641	金属冶炼和压延加工品	1.2803
4	电气机械及器材制造业	1.2596	通用设备	1.2791
5	通用、专用设备制造业	1.2187	交通运输设备	1.2507
6	非金属矿物制品业	1.1841	其他制造产品	1.2483
7	通信设备、计算机及其他电子设备制造业	1.1797	通信设备、计算机和其他电子设备	1.2401
8	化学工业	1.1771	建筑	1.2191
9	建筑业	1.1502	专用设备	1.2172
10	石油加工、炼焦及核燃料加工业	1.1370	仪器仪表	1.2094
11	纺织服装鞋帽皮革羽绒及其制品业	1.1250	电力、热力的生产和供应	1.1981
12	燃气生产和供应业	1.1140	化学产品	1.1882
13	造纸印刷及文教体育用品制造业	1.1095	造纸印刷和文教体育用品	1.1550
14	纺织业	1.1094	金属矿采选产品	1.1538
15	工艺品及其他制造业	1.1094	木材加工品和家具	1.1444
16	仪器仪表及文化办公用机械制造业	1.1056	燃气生产和供应	1.1154
17	邮政业	1.0923	非金属矿物制品	1.1104
18	木材加工及家具制造业	1.0814	废品废料	1.0977
19	食品制造及烟草加工业	1.0807	金属制品、机械和设备修理服务	1.0657
20	卫生、社会保障和社会福利业	1.0534	非金属矿和其他矿采选产品	1.0534

续 表

排名	2007 年		2012 年	
	部门	系数	部门	系数
21	电力、热力的生产和供应业	1.0500	纺织服装鞋帽皮革羽绒及其制品	1.0492
22	非金属矿及其他矿采选业	1.0290	纺织品	1.0467
23	综合技术服务业	1.0146	食品和烟草	1.0327
24	金属矿采选业	1.0000	科学研究和技术服务	1.0086
25	信息传输、计算机服务和软件业	0.9799	石油、炼焦产品和核燃料加工品	0.9758
26	煤炭开采和洗选业	0.9453	租赁和商务服务	0.9379
27	研究与试验发展业	0.9360	水的生产和供应	0.9303
28	租赁和商务服务业	0.9226	居民服务、修理和其他服务	0.8892
29	住宿和餐饮业	0.9188	交通运输、仓储和邮政	0.8874
30	水的生产和供应业	0.8930	住宿和餐饮	0.8555
31	居民服务和其他服务业	0.8899	信息传输、软件和信息技术服务	0.8513
32	交通运输及仓储业	0.8853	卫生和社会工作	0.8357
33	文化、体育和娱乐业	0.8834	文化、体育和娱乐	0.8116
34	石油和天然气开采业	0.8203	金融	0.7969
35	教育	0.8067	公共管理、社会保障和社会组织	0.7411
36	公共管理和社会组织	0.7876	农林牧渔产品和服务	0.7379
37	水利、环境和公共设施管理业	0.7737	石油和天然气开采产品	0.6954
38	金融业	0.7676	教育	0.6605
39	农林牧渔业	0.7659	煤炭采选产品	0.6541
40	批发和零售业	0.6962	水利、环境和公共设施管理	0.6528
41	房地产业	0.5562	房地产	0.5435
42	废品废料	0.4625	批发和零售	0.5163

表5　　北京市、河北省2012年42个产业部门感应度系数

排名	北京市		河北省	
	部门	系数	部门	系数
1	金属冶炼和压延加工品	5.0153	金属冶炼和压延加工品	3.7697
2	电力、热力的生产和供应	3.1524	电力、热力的生产和供应	2.8248
3	煤炭采选产品	2.7716	化学产品	2.6874
4	化学产品	2.6278	煤炭采选产品	2.4597
5	交通运输、仓储和邮政	1.9552	金属矿采选产品	2.0324
6	批发和零售	1.9475	交通运输、仓储和邮政	1.8124
7	通信设备、计算机和其他电子设备	1.8022	石油、炼焦产品和核燃料加工品	1.5614
8	租赁和商务服务	1.4035	金融	1.5268
9	金融	1.3912	农林牧渔产品和服务	1.3510
10	石油和天然气开采产品	1.2480	金属制品	1.2657
11	造纸印刷和文教体育用品	1.1271	石油和天然气开采产品	1.1835
12	石油、炼焦产品和核燃料加工品	1.0567	电气机械和器材	1.0937
13	通用设备	0.9657	造纸印刷和文教体育用品	1.0801
14	农林牧渔产品和服务	0.9472	通信设备、计算机和其他电子设备	1.0126
15	纺织品	0.9073	废品废料	0.9234
16	电气机械和器材	0.8208	批发和零售	0.8965
17	食品和烟草	0.7505	食品和烟草	0.8645
18	金属制品、机械和设备修理服务	0.7265	租赁和商务服务	0.8139
19	金属制品	0.7116	非金属矿物制品	0.7458
20	交通运输设备	0.6931	木材加工品和家具	0.6992
21	非金属矿物制品	0.6562	居民服务、修理和其他服务	0.6955
22	住宿和餐饮	0.6163	非金属矿和其他矿采选产品	0.6915
23	房地产	0.5992	通用设备	0.6876

续 表

排名	北京市		河北省	
	部门	系数	部门	系数
24	科学研究和技术服务	0.5935	住宿和餐饮	0.6342
25	木材加工品和家具	0.5655	纺织品	0.6201
26	金属矿采选产品	0.5626	科学研究和技术服务	0.5858
27	专用设备	0.5538	水的生产和供应	0.5723
28	信息传输、软件和信息技术服务	0.5432	其他制造产品	0.5372
29	仪器仪表	0.5264	房地产	0.5331
30	燃气生产和供应	0.4627	专用设备	0.5302
31	建筑	0.4441	金属制品、机械和设备修理服务	0.5251
32	非金属矿和其他矿采选产品	0.4122	信息传输、软件和信息技术服务	0.5248
33	文化、体育和娱乐	0.4076	交通运输设备	0.5187
34	居民服务、修理和其他服务	0.4063	纺织服装鞋帽皮革羽绒及其制品	0.4922
35	废品废料	0.3903	公共管理和社会组织	0.4439
36	纺织服装鞋帽皮革羽绒及其制品	0.3712	仪器仪表	0.4240
37	水利、环境和公共设施管理	0.3414	燃气生产和供应	0.4231
38	教育	0.3352	教育	0.4080
39	其他制造产品	0.3144	建筑	0.4076
40	水的生产和供应	0.3070	文化、体育和娱乐	0.3938
41	公共管理、社会保障和社会组织	0.2949	水利、环境和公共设施管理	0.3771
42	卫生和社会工作	0.2750	卫生和社会工作	0.3698

表 6　　北京市 2012 年诱发系数

编码	部门	消费	投资	调出（出口）
1	农林牧渔产品和服务	0.1075	0.0269	0.0363
2	煤炭采选产品	0.0704	0.0843	0.0798
3	石油和天然气开采产品	0.0586	0.0543	0.0982
4	金属矿采选产品	0.0035	0.0119	0.0070
5	非金属矿和其他矿采选产品	0.0056	0.0401	0.0193
6	食品和烟草	0.1421	0.0204	0.0362
7	纺织品	0.0514	0.0127	0.0307
8	纺织服装鞋帽皮革羽绒及其制品	0.0504	0.0064	0.0214
9	木材加工品和家具	0.0161	0.0336	0.0124
10	造纸印刷和文教体育用品	0.1032	0.0568	0.0846
11	石油、炼焦产品和核燃料加工品	0.0751	0.0661	0.1297
12	化学产品	0.2168	0.2088	0.2290
13	非金属矿物制品	0.0235	0.1550	0.0313
14	金属冶炼和压延加工品	0.2125	0.7456	0.4332
15	金属制品	0.0301	0.0484	0.0557
16	通用设备	0.0340	0.0642	0.0958
17	专用设备	0.0262	0.0207	0.0537
18	交通运输设备	0.0491	0.0844	0.0983
19	电气机械和器材	0.0412	0.0834	0.0909
20	通信设备、计算机和其他电子设备	0.1078	0.2013	0.4258
21	仪器仪表	0.0196	0.0149	0.0476
22	其他制造产品	0.0044	0.0023	0.0030
23	废品废料	0.0041	0.0118	0.0065
24	金属制品、机械和设备修理服务	0.0301	0.0330	0.0340
25	电力、热力的生产和供应	0.1939	0.1879	0.1631
26	燃气生产和供应	0.0169	0.0182	0.0136
27	水的生产和供应	0.0041	0.0025	0.0020
28	建筑	0.0321	0.5189	0.0105
29	批发和零售	0.1505	0.1736	0.2326

续 表

编码	部门	消费	投资	调出（出口）
30	交通运输、仓储和邮政	0.1536	0.1360	0.2334
31	住宿和餐饮	0.0801	0.0300	0.0482
32	信息传输、软件和信息技术服务	0.0477	0.2197	0.0859
33	金融	0.1760	0.1111	0.1242
34	房地产	0.0796	0.1828	0.0295
35	租赁和商务服务	0.1309	0.1002	0.1679
36	科学研究和技术服务	0.0997	0.0289	0.2696
37	水利、环境和公共设施管理	0.0243	0.0013	0.0033
38	居民服务、修理和其他服务	0.0232	0.0091	0.0136
39	教育	0.1082	0.0031	0.0082
40	卫生和社会工作	0.1001	0.0001	0.0001
41	文化、体育和娱乐	0.0676	0.0079	0.0151
42	公共管理、社会保障和社会组织	0.1394	0.0034	0.0097

表 7　　河北省 2012 年诱发系数

编码	部门	消费	投资	调出（出口）
1	农林牧渔产品和服务	0.1859	0.0543	0.1148
2	煤炭采选产品	0.0968	0.1372	0.1563
3	石油和天然气开采产品	0.0369	0.0518	0.0512
4	金属矿采选产品	0.0470	0.2098	0.1980
5	非金属矿和其他矿采选产品	0.0059	0.0575	0.0207
6	食品和烟草	0.1238	0.0145	0.0832
7	纺织品	0.0170	0.0042	0.0876
8	纺织服装鞋帽皮革羽绒及其制品	0.0394	0.0016	0.1377
9	木材加工品和家具	0.0173	0.0326	0.0343
10	造纸印刷和文教体育用品	0.0634	0.0274	0.0481
11	石油、炼焦产品和核燃料加工品	0.0765	0.1023	0.1035
12	化学产品	0.1568	0.1646	0.3506
13	非金属矿物制品	0.0170	0.1521	0.0657
14	金属冶炼和压延加工品	0.1178	0.5393	0.5048

续　表

编码	部门	消费	投资	调出（出口）
15	金属制品	0. 0461	0. 1193	0. 1373
16	通用设备	0. 0124	0. 0949	0. 0703
17	专用设备	0. 0076	0. 0624	0. 0387
18	交通运输设备	0. 0332	0. 0511	0. 0795
19	电气机械和器材	0. 0644	0. 0806	0. 0754
20	通信设备、计算机和其他电子设备	0. 0509	0. 0315	0. 1087
21	仪器仪表	0. 0041	0. 0060	0. 0103
22	其他制造产品	0. 0121	0. 0060	0. 0103
23	废品废料	0. 0160	0. 0111	0. 0219
24	金属制品、机械和设备修理服务	0. 0063	0. 0121	0. 0115
25	电力、热力的生产和供应	0. 1452	0. 1425	0. 1660
26	燃气生产和供应	0. 0062	0. 0021	0. 0024
27	水的生产和供应	0. 0106	0. 0094	0. 0074
28	建筑	0. 0117	0. 7548	0. 0030
29	批发和零售	0. 0500	0. 0590	0. 0842
30	交通运输、仓储和邮政	0. 1642	0. 1174	0. 1436
31	住宿和餐饮	0. 0519	0. 0149	0. 0161
32	信息传输、软件和信息技术服务	0. 0330	0. 0078	0. 0071
33	金融	0. 1745	0. 0735	0. 0793
34	房地产	0. 0978	0. 0219	0. 0081
35	租赁和商务服务	0. 0376	0. 0178	0. 0203
36	科学研究和技术服务	0. 0480	0. 0214	0. 0146
37	水利、环境和公共设施管理	0. 0240	0. 0007	0. 0008
38	居民服务、修理和其他服务	0. 0520	0. 0162	0. 0214
39	教育	0. 0669	0. 0022	0. 0030
40	卫生和社会工作	0. 0644	0. 0005	0. 0007
41	文化、体育和娱乐	0. 0179	0. 0015	0. 0017
42	公共管理和社会组织	0. 0999	0. 0038	0. 0422

表 8　　北京市 2022 年资源占用系数

部门	编码	能源	水资源	人力资源
农林牧渔产品和服务	1	0. 00120	0. 00184	0. 000360
煤炭采选产品	2	0. 00285	0. 00437	0. 000855
石油和天然气开采产品	3	0. 00024	0. 00051	0. 000480
金属矿采选产品	4	0. 00060	0. 00092	0. 000180
非金属矿和其他矿采选产品	5	0. 00075	0. 00115	0. 000225
食品和烟草	6	0. 00300	0. 00460	0. 000900
纺织品	7	0. 00015	0. 00023	0. 000045
纺织服装鞋帽皮革羽绒及其制品	8	0. 00075	0. 00115	0. 000225
木材加工品和家具	9	0. 00030	0. 00046	0. 000090
造纸印刷和文教体育用品	10	0. 00105	0. 00161	0. 000315
石油、炼焦产品和核燃料加工品	11	0. 00240	0. 00368	0. 000720
化学产品	12	0. 00420	0. 00644	0. 001260
非金属矿物制品	13	0. 00165	0. 00253	0. 000495
金属冶炼和压延加工品	14	0. 00090	0. 00138	0. 000270
金属制品	15	0. 00120	0. 00184	0. 000360
通用设备	16	0. 00195	0. 00299	0. 000585
专用设备	17	0. 00180	0. 00276	0. 000540
交通运输设备	18	0. 00915	0. 01403	0. 002745
电气机械和器材	19	0. 00240	0. 00368	0. 000720
通信设备、计算机和其他电子设备	20	0. 00705	0. 01081	0. 002115
仪器仪表	21	0. 00075	0. 00115	0. 000225
其他制造产品	22	0. 00015	0. 00023	0. 000045
废品废料	23	0. 00064	0. 00027	0. 000015
金属制品、机械和设备修理服务	24	0. 00015	0. 00023	0. 000045
电力、热力的生产和供应	25	0. 00990	0. 01518	0. 002970
燃气生产和供应	26	0. 00060	0. 00092	0. 000180
水的生产和供应	27	0. 00015	0. 00023	0. 000045
建筑	28	0. 01185	0. 01817	0. 003555
批发和零售	29	0. 01125	0. 01725	0. 003375

续 表

部门	编码	能源	水资源	人力资源
交通运输、仓储和邮政	30	0.00915	0.01403	0.002745
住宿和餐饮	31	0.00345	0.00529	0.001035
信息传输、软件和信息技术服务	32	0.00900	0.01380	0.002700
金融	33	0.01140	0.01748	0.003420
房地产	34	0.00600	0.00920	0.001800
租赁和商务服务	35	0.00690	0.01058	0.002070
科学研究和技术服务	36	0.01035	0.01587	0.003105
水利、环境和公共设施管理	37	0.00090	0.00138	0.000270
居民服务、修理和其他服务	38	0.00090	0.00138	0.000270
教育	39	0.00330	0.00506	0.000990
卫生和社会工作	40	0.00315	0.00483	0.000945
文化、体育和娱乐	41	0.00315	0.00483	0.000945
公共管理、社会保障和社会组织	42	0.00420	0.00644	0.001260

表 9　　河北省 2022 年资源占用系数

部门	编码	能源	水资源	人力资源
农林牧渔产品和服务	1	0.010289	0.017148	0.021263
煤炭采选产品	2	0.004249	0.007082	0.008782
石油和天然气开采产品	3	0.000677	0.001128	0.001398
金属矿采选产品	4	0.009013	0.015021	0.018626
非金属矿和其他矿采选产品	5	0.00056	0.000934	0.001158
食品和烟草	6	0.007222	0.012036	0.014925
纺织品	7	0.003327	0.005545	0.006876
纺织服装鞋帽皮革羽绒及其制品	8	0.002866	0.004776	0.005923
木材加工品和家具	9	0.000812	0.001354	0.001679
造纸印刷和文教体育用品	10	0.001931	0.003219	0.003991
石油、炼焦产品和核燃料加工品	11	0.005171	0.008618	0.010686
化学产品	12	0.008638	0.014397	0.017853
非金属矿物制品	13	0.003871	0.006452	0.008001

续 表

部门	编码	能源	水资源	人力资源
金属冶炼和压延加工品	14	0.024729	0.041215	0.051107
金属制品	15	0.004845	0.008075	0.010013
通用设备	16	0.002921	0.004868	0.006036
专用设备	17	0.002214	0.00369	0.004576
交通运输设备	18	0.003454	0.005757	0.007138
电气机械和器材	19	0.00348	0.0058	0.007192
通信设备、计算机和其他电子设备	20	0.000713	0.001188	0.001473
仪器仪表	21	0.000139	0.000232	0.000288
其他制造产品	22	0.0000749	0.000125	0.000155
废品废料	23	0.000401	0.000669	0.000829
金属制品、机械和设备修理服务	24	0.000516	0.000861	0.001067
电力、热力的生产和供应	25	0.004988	0.008314	0.010309
燃气生产和供应	26	0.000223	0.000371	0.00046
水的生产和供应	27	0.0000839	0.00014	0.000173
建筑	28	0.010726	0.017876	0.022167
批发和零售	29	0.00479	0.007984	0.0099
交通运输、仓储和邮政	30	0.009305	0.015508	0.01923
住宿和餐饮	31	0.001599	0.002666	0.003306
信息传输、软件和信息技术服务	32	0.00128	0.002134	0.002646
金融	33	0.003317	0.005528	0.006855
房地产	34	0.002418	0.00403	0.004997
租赁和商务服务	35	0.000951	0.001584	0.001964
科学研究和技术服务	36	0.00128	0.002134	0.002646
水利、环境和公共设施管理	37	0.000164	0.000273	0.000338
居民服务、修理和其他服务	38	0.001554	0.002591	0.003212
教育	39	0.001386	0.002309	0.002863
卫生和社会工作	40	0.001311	0.002186	0.00271
文化、体育和娱乐	41	0.00026	0.000434	0.000538
公共管理、社会保障和社会组织	42	0.002252	0.003753	0.004653

表 10　　北京市 2022 年污染物占比系数

部门	编码	废气	废水	固体废弃物
农林牧渔产品和服务	1	0.003856	0.004104	0.00004
煤炭采选产品	2	0.009158	0.009747	0.000095
石油和天然气开采产品	3	0.00964	0.01026	0.0001
金属矿采选产品	4	0.001928	0.002052	0.00002
非金属矿和其他矿采选产品	5	0.00241	0.002565	0.000025
食品和烟草	6	0.00964	0.01026	0.0001
纺织品	7	0.000482	0.000513	0.000005
纺织服装鞋帽皮革羽绒及其制品	8	0.00241	0.002565	0.000025
木材加工品和家具	9	0.000964	0.001026	0.00001
造纸印刷和文教体育用品	10	0.003374	0.003591	0.000035
石油、炼焦产品和核燃料加工品	11	0.007712	0.008208	0.00008
化学产品	12	0.013496	0.014364	0.00014
非金属矿物制品	13	0.005302	0.005643	0.000055
金属冶炼和压延加工品	14	0.002892	0.003078	0.00003
金属制品	15	0.003856	0.004104	0.00004
通用设备	16	0.006266	0.006669	0.000065
专用设备	17	0.005784	0.006156	0.00006
交通运输设备	18	0.029402	0.031293	0.000305
电气机械和器材	19	0.007712	0.008208	0.00008
通信设备、计算机和其他电子设备	20	0.022654	0.024111	0.000235
仪器仪表	21	0.00241	0.002565	0.000025
其他制造产品	22	0.000482	0.000513	0.000005
废品废料	23	0.012532	0.013338	0.00013
金属制品、机械和设备修理服务	24	0.000482	0.000513	0.000005
电力、热力的生产和供应	25	0.031812	0.033858	0.00033
燃气生产和供应	26	0.001928	0.002052	0.00002
水的生产和供应	27	0.000482	0.000513	0.000005

续 表

部门	编码	废气	废水	固体废弃物
建筑	28	0. 038078	0. 040527	0. 000395
批发和零售	29	0. 03615	0. 038475	0. 000375
交通运输、仓储和邮政	30	0. 029402	0. 031293	0. 000305
住宿和餐饮	31	0. 011086	0. 011799	0. 000115
信息传输、软件和信息技术服务	32	0. 02892	0. 03078	0. 0003
金融	33	0. 036632	0. 038988	0. 00038
房地产	34	0. 01928	0. 02052	0. 0002
租赁和商务服务	35	0. 022172	0. 023598	0. 00023
科学研究和技术服务	36	0. 033258	0. 035397	0. 000345
水利、环境和公共设施管理	37	0. 002892	0. 003078	0. 00003
居民服务、修埋和其他服务	38	0. 002892	0. 003078	0. 00003
教育	39	0. 010604	0. 011286	0. 00011
卫生和社会工作	40	0. 010122	0. 010773	0. 000105
文化、体育和娱乐	41	0. 010122	0. 010773	0. 000105
公共管理、社会保障和社会组织	42	0. 013496	0. 014364	0. 00014

表 11　　河北省 2022 年污染物占比系数

部门	编码	废气	废水	固体废弃物
农林牧渔产品和服务	1	0. 058576	0. 008299	0. 001715
煤炭采选产品	2	0. 024193	0. 003428	0. 000708
石油和天然气开采产品	3	0. 003852	0. 000546	0. 000113
金属矿采选产品	4	0. 051312	0. 00727	0. 001502
非金属矿和其他矿采选产品	5	0. 003191	0. 000452	0. 0000934
食品和烟草	6	0. 041115	0. 005825	0. 001204
纺织品	7	0. 018942	0. 002684	0. 000555
纺织服装鞋帽皮革羽绒及其制品	8	0. 016316	0. 002312	0. 000478
木材加工品和家具	9	0. 004625	0. 000655	0. 000135
造纸印刷和文教体育用品	10	0. 010995	0. 001558	0. 000322
石油、炼焦产品和核燃料加工品	11	0. 029437	0. 004171	0. 000862
化学产品	12	0. 049181	0. 006968	0. 00144

续 表

部门	编码	废气	废水	固体废弃物
非金属矿物制品	13	0.022041	0.003123	0.000645
金属冶炼和压延加工品	14	0.14079	0.019948	0.004122
金属制品	15	0.027583	0.003908	0.000807
通用设备	16	0.016629	0.002356	0.000487
专用设备	17	0.012605	0.001786	0.000369
交通运输设备	18	0.019664	0.002786	0.000576
电气机械和器材	19	0.019813	0.002807	0.00058
通信设备、计算机和其他电子设备	20	0.004057	0.000575	0.000119
仪器仪表	21	0.000793	0.000112	0.0000232
其他制造产品	22	0.000426	0.0000604	0.0000125
废品废料	23	0.002284	0.000324	0.0000669
金属制品、机械和设备修理服务	24	0.00294	0.000417	0.0000861
电力、热力的生产和供应	25	0.0284	0.004024	0.000831
燃气生产和供应	26	0.001267	0.00018	0.0000371
水的生产和供应	27	0.000477	0.0000676	0.000014
建筑	28	0.061065	0.008652	0.001788
批发和零售	29	0.027272	0.003864	0.000798
交通运输、仓储和邮政	30	0.052974	0.007506	0.001551
住宿和餐饮	31	0.009106	0.00129	0.000267
信息传输、软件和信息技术服务	32	0.00729	0.001033	0.000213
金融	33	0.018885	0.002676	0.000553
房地产	34	0.013766	0.001951	0.000403
租赁和商务服务	35	0.005412	0.000767	0.000158
科学研究和技术服务	36	0.007288	0.001033	0.000213
水利、环境和公共设施管理	37	0.000932	0.000132	0.0000273
居民服务、修理和其他服务	38	0.008849	0.001254	0.000259
教育	39	0.007888	0.001118	0.000231
卫生和社会工作	40	0.007467	0.001058	0.000219
文化、体育和娱乐	41	0.001483	0.00021	0.0000434
公共管理、社会保障和社会组织	42	0.012819	0.001816	0.000375

附录 C　有无冬奥会情景下京冀地区部分产业产值预测

表 12　　无冬奥会情景下北京市 2012—2024 年 8 个产业生产总值　　单位：亿元

部门 年份	建筑	交通运输、仓储和邮政	住宿和餐饮	信息传输、软件和信息技术服务	批发和零售	金融	房地产	租赁和商务服务
2012	1984. 613	1555. 508	590. 020	1537. 628	1895. 216	1966. 734	1037. 005	1215. 799
2013	2197. 890	1722. 670	653. 427	1702. 870	2098. 886	2178. 089	1148. 447	1346. 455
2014	2367. 722	1855. 782	703. 917	1834. 451	2261. 068	2346. 391	1237. 188	1450. 496
2015	2554. 619	2002. 269	759. 482	1979. 255	2439. 547	2531. 605	1334. 846	1564. 992
2016	2849. 273	2233. 214	847. 081	2207. 545	2720. 928	2823. 604	1488. 810	1745. 501
2017	3109. 658	2437. 300	924. 493	2409. 285	2969. 584	3081. 643	1624. 867	1905. 016
2018	3365. 518	2637. 838	1000. 559	2607. 518	3213. 918	3335. 198	1758. 559	2061. 759
2019	3643. 018	2855. 338	1083. 059	2822. 518	3478. 918	3610. 198	1903. 559	2231. 759
2020	4065. 376	3186. 376	1208. 625	3149. 751	3882. 251	4028. 751	2124. 250	2490. 501
2021	4329. 625	3393. 490	1287. 186	3354. 485	4134. 597	4290. 620	2262. 327	2652. 383
2022	4611. 051	3614. 067	1370. 853	3572. 526	4403. 346	4569. 510	2409. 378	2824. 788
2023	4910. 769	3848. 981	1459. 958	3804. 740	4689. 564	4866. 528	2565. 988	3008. 399
2024	5229. 969	4099. 165	1554. 856	4052. 048	4994. 385	5182. 853	2732. 777	3203. 945

表 13　**冬奥会情景下北京市 2012—2024 年 8 个产业生产总值**

单位：亿元

部门 年份	建筑	交通运输、仓储和邮政	住宿和餐饮	信息传输、软件和信息技术服务	批发和零售	金融	房地产	租赁和商务服务
2012	1984.613	1555.508	590.020	1537.628	1895.216	1966.734	1037.005	1215.799
2013	2197.890	1722.670	653.427	1702.870	2098.886	2178.089	1148.447	1346.455
2014	2367.722	1855.782	703.917	1834.451	2261.068	2346.391	1237.188	1450.496
2015	2554.619	2002.269	759.482	1979.255	2439.547	2531.605	1334.846	1564.992
2016	2849.273	2233.214	847.081	2207.545	2720.928	2823.604	1488.810	1745.501
2017	3109.658	2437.300	924.493	2409.285	2969.584	3081.643	1624.867	1905.016
2018	3365.518	2637.838	1000.559	2607.518	3213.918	3335.198	1758.559	2061.759
2019	3643.018	2855.338	1083.059	2822.518	3478.918	3610.198	1903.559	2231.759
2020	4382.475	3434.913	1247.301	3395.431	4185.066	4042.994	2289.942	2484.760
2021	4468.173	3502.082	1328.376	3461.828	4266.904	4427.920	2334.721	2737.259
2022	4670.995	3661.050	1477.780	3976.221	4460.590	5131.560	2440.700	2861.510
2023	4910.769	3848.981	1459.958	3804.740	4689.564	5266.528	2565.988	3008.399
2024	5229.969	4174.127	1253.869	4052.048	4334.749	5482.853	2732.777	3203.945

表 14　无冬奥会情景下河北省 2012—2024 年 8 个产业生产总值　单位：亿元

部门 年份	建筑	交通运输、仓储和邮政	住宿和餐饮	信息传输、软件和信息技术服务	批发和零售	金融	房地产	租赁和商务服务
2012	2684. 076	2338. 601	425. 200	345. 475	1195. 875	850. 400	611. 225	239. 175
2013	2872. 738	2502. 980	455. 087	369. 758	1279. 933	910. 174	654. 188	255. 987
2014	2971. 536	2589. 061	470. 738	382. 475	1323. 952	941. 477	676. 687	264. 790
2015	3010. 417	2622. 938	476. 898	387. 479	1341. 275	953. 796	685. 541	268. 255
2016	3239. 115	2822. 200	513. 127	416. 916	1443. 170	1026. 254	737. 620	288. 634
2017	3435. 648	2993. 436	544. 261	442. 212	1530. 734	1088. 522	782. 375	306. 147
2018	3637. 037	3168. 904	576. 164	468. 134	1620. 462	1152. 329	828. 236	324. 092
2019	3990. 537	3476. 904	632. 164	513. 634	1777. 962	1264. 329	908. 736	355. 592
2020	4393. 358	3827. 876	695. 977	565. 482	1957. 437	1391. 955	1000. 468	391. 487
2021	4678. 926	4076. 688	741. 216	602. 238	2084. 670	1482. 432	1065. 498	416. 934
2022	4983. 056	4341. 673	789. 395	641. 384	2220. 174	1578. 790	1134. 755	444. 035
2023	5306. 955	4623. 882	840. 706	683. 073	2364. 485	1681. 412	1208. 515	472. 897
2024	5651. 907	4924. 434	895. 352	727. 473	2518. 177	1790. 703	1287. 068	503 635

表 15　冬奥会情景下河北省 2012—2024 年 8 个产业生产总值

单位：亿元

年份＼部门	建筑	交通运输、仓储和邮政	住宿和餐饮	信息传输、软件和信息技术服务	批发和零售	金融	房地产	租赁和商务服务
2012	2684. 076	2338. 601	425. 200	345. 475	1195. 875	850. 400	611. 225	239. 175
2013	2872. 738	2502. 980	455. 087	369. 758	1279. 933	910. 174	654. 188	255. 987
2014	2971. 536	2589. 061	470. 738	382. 475	1323. 952	941. 477	676. 687	264. 790
2015	3010. 417	2622. 938	476. 898	387. 479	1341. 275	953. 796	685. 540	268. 255
2016	3239. 115	2822. 200	513. 127	416. 916	1443. 170	1026. 254	737. 620	288. 634
2017	3435. 648	2993. 436	544. 261	442. 212	1530. 734	1088. 522	782. 375	306. 147
2018	3637. 037	3168. 904	576. 164	468. 134	1620. 462	1152. 329	828. 236	324. 092
2019	3990. 537	3476. 904	632. 164	513. 634	1777. 962	1264. 329	908. 736	355. 592
2020	4511. 774	3896. 778	708. 505	575. 660	1992. 670	1417. 010	1018. 476	398. 534
2021	4688. 284	4084. 841	742. 698	603. 443	2088. 839	1485. 397	1067. 629	417. 768
2022	5047. 836	4632. 282	815. 968	672. 860	2249. 036	1672. 981	1149. 507	449. 807
2023	5306. 955	4623. 882	840. 706	683. 073	2364. 485	1681. 412	1208. 515	472. 897
2024	5651. 907	4924. 434	895. 352	727. 473	2518. 177	1790. 703	1287. 068	503 635

后　记

呈现在读者面前的这本《2022年冬奥会对京冀地区经济影响预测研究》，是2016年北京社会科学基金青年项目“北京—张家口冬奥会对京冀区域经济影响预测与评价研究”（项目号：16YTC028）项目组的研究成果之一。在研究过程中，许多专家都给予了项目组大量的支持与帮助。在写作过程中，项目组成员收集和参阅了大量的经济数据和文献资料，最终于2019年1月完成初稿。但囿于校改时间仓促，很多内容与资料来不及更新，缺憾难释，疏漏亦难幸免，恳请读者不吝指正。当然，本书可能出现的任何理论疏漏或错误观点，概由作者负主要责任。

在本书的编辑过程中，中国财富出版社有限公司的编校人员认真负责的敬业精神给我留下了深刻的印象，确保了本书的出版质量，在此深表感谢。

作　者

2021年7月